[Wissen für die Praxis]

Weiterführend empfehlen wir:

SGB XI – Soziale Pflegeversicherung
ISBN 978-3-8029-7309-3

Praxisratgeber Pflegeversicherung
ISBN 978-3-8029-4082-8

Das aktuelle Handbuch der Pflegegrade
ISBN 978-3-8029-7552-3

Als Rentner alle Ansprüche voll ausschöpfen
ISBN 978-3-8029-4073-6

Wir freuen uns über Ihr Interesse an diesem Buch. Gerne stellen wir Ihnen zusätzliche Informationen zu diesem Programmsegment zur Verfügung.

Bitte sprechen Sie uns an:

E-Mail: WALHALLA@WALHALLA.de
http://www.WALHALLA.de

Walhalla Fachverlag · Haus an der Eisernen Brücke · 93042 Regensburg
Telefon 0941 5684-0 · Telefax 0941 5684-111

Schnellübersicht

Das steht Pflegepersonen zu	7
Abkürzungen	9
Rechtsgrundlagen der Ansprüche von Pflegepersonen	11
Auskunft, Beratung, Unterstützung	29
Auszeit vom Beruf	47
Auszeit von der Pflege	85
Soziale Sicherung	99
Stichwortverzeichnis	125

Das steht Pflegepersonen zu

Die Pflegeversicherung ist gegründet worden, um das Risiko der Pflegebedürftigkeit abzusichern. Es ist also für die Pflegebedürftigen geschaffen worden. Allerdings beinhaltet es auch Schutzvorschriften für die Personen, die Pflegebedürftige ehrenamtlich pflegen, also die Pfleger.

Hierzu gibt es zwei Ergänzungsgesetze, nämlich das Pflegezeitgesetz und das Familienpflegezeitgesetz. Sozialversicherungsrechtlich erfolgen in verschiedenen Gesetzen Absicherungen für Pflegende. Angesprochen sind die Bereiche Renten-, Arbeitslosen- und Unfallversicherung.

Die Pflege kranker Menschen ist harte Arbeit. Lohn gibt es für Familienangehörige und andere ehrenamtlich tätige Personen, wie z.B. Nachbarn, nicht oder nur in geringem Maße. Deshalb ist es sachgerecht, dass der Gesetzgeber wenigstens für Versicherungsansprüche gegen die Sozialversicherung sorgt.

Gerade die Vielfalt der Ansprüche für Pflegende macht es aber für den Einzelnen schwierig, seine Ansprüche zu kennen und in Anspruch zu nehmen.

Hier will dieses Buch helfen. Es erläutert alle Leistungsansprüche pflegender Personen gegen die Pflegeversicherung, aber auch gegen die anderen Sozialversicherungsträger.

Rechte und Ansprüche von Pflegepersonen werden im Einzelnen in den folgenden Kapiteln behandelt. Hier ein Überblick über die Leistungen mit Angabe der jeweiligen Rechtsgrundlage und des Kapitels, in dem sie näher behandelt werden:

- Aufklärung, Auskunft (§ 7 SGB XI – Kapitel 2)
- Pflegeberatung (§ 7a SGB XI – Kapitel 2)
- Pflegekurse für Angehörige und ehrenamtliche Pflegepersonen (§ 45 SGB XI – Kapitel 2)
- Kurzzeitige Arbeitsverhinderung und Pflegeunterstützungsgeld (§ 44a Abs. 3 SGB XI – Kapitel 3)
- Pflegezeit (Pflegezeitgesetz – Kapitel 3)
- Familienpflegezeit (Familienpflegezeitgesetz – Kapitel 3)

Vorwort

- Verhinderungspflege (§ 39 SGB XI – Kapitel 4)
- Kurzzeitpflege (§ 41 SGB XI – Kapitel 4)
- Entlastungsbetrag (§ 45b SGB XI – Kapitel 4)
- Leistungen der gesetzlichen Unfallversicherung (Sozialgesetzbuch – Siebtes Buch – SGB VII – Kapitel 5)
- Leistungen der gesetzlichen Rentenversicherung (Sozialgesetzbuch – Sechstes Buch – SGB VI – Kapitel 5)
- Leistungen der Arbeitslosenversicherung (Sozialgesetzbuch – Drittes Buch – SGB III – Kapitel 5)

Horst Marburger

Abkürzungen

Abs.	Absatz
BA	Bundesagentur für Arbeit
BBG	Bundesbeamtengesetz
BSG	Bundessozialgericht
DGB	Deutscher Gewerkschaftsbund
EStG	Einkommensteuergesetz
ff.	fortfolgend(e)
FPfZG	Familienpflegezeitgesetz
GKV	Gesetzliche Krankenversicherung
KVLG 1989	Zweites Gesetz über die Krankenversicherung der Landwirte
MDK	Medizinischer Dienst der Krankenkassen
NBA	Neues Begutachtungsassessment
PflegeZG	Pflegezeitgesetz
PG	Pflegegrad
PSG II	Pflegestärkungsgesetz II
S.	Seite
SG	Sozialgericht
SGB	Sozialgesetzbuch
SGB I	Sozialgesetzbuch – Erstes Buch (Allgemeiner Teil)
SGB II	Sozialgesetzbuch – Zweites Buch (Grundsicherung für Arbeitsuchende)
SGB III	Sozialgesetzbuch – Drittes Buch (Arbeitsförderung)
SGB IV	Sozialgesetzbuch – Viertes Buch (Gemeinsame Vorschriften für die Sozialversicherung)
SGB V	Sozialgesetzbuch – Fünftes Buch (Gesetzliche Krankenversicherung)
SGB VI	Sozialgesetzbuch – Sechstes Buch (Gesetzliche Rentenversicherung)
SGB VII	Sozialgesetzbuch – Siebtes Buch (Gesetzliche Unfallversicherung)
SGB XI	Sozialgesetzbuch – Elftes Buch (Soziale Pflegeversicherung)
SGB XII	Sozialgesetzbuch – Zwölftes Buch (Sozialhilfe)
z. B.	zum Beispiel

Rechtsgrundlagen der Ansprüche von Pflegepersonen

Häusliche Pflege als Eckpfeiler der Pflegeversicherung	12
Begriff der „Pflegebedürftigkeit"	13
Begriff „Pflegepersonen"	21
Pflegegeld als finanzielle Anerkennung	24

Häusliche Pflege als Eckpfeiler der Pflegeversicherung

§ 3 Satz 1 SGB XI: Vorrang der häuslichen Pflege
Die Pflegeversicherung soll mit ihren Leistungen **vorrangig** die **häusliche Pflege** und die **Pflegebereitschaft der Angehörigen** und Nachbarn **unterstützen**, damit die Pflegebedürftigen möglichst lange in ihrer häuslichen Umgebung bleiben können.

Dieser in § 3 des Elften Buches Sozialgesetzbuch (SGB XI) niedergelegte Programmsatz gibt nicht nur die Marschroute gesetzgeberischer Überlegungen und Weiterentwicklungen vor. Es zeigt auch zweierlei:

- Die Pflegeversicherung ist nur ein Teilkaskosystem, mit dem Hilfebedarfe bei Pflegebedürftigkeit mitfinanziert („unterstützt"), aber niemals ganz abgedeckt werden
- Der Staat verlässt sich ganz wesentlich darauf, dass Angehörige oder sonstige Freiwillige/Ehrenamtliche Pflege- und Betreuungsarbeiten übernehmen (sog. Laienpflege).

Der Vorrang häuslicher Pflege hat dort seine Grenzen, wo bedingt durch die familiären oder sozialen Verhältnisse eine angemessene Versorgung und Betreuung im häuslichen Bereich nicht oder nicht mehr sichergestellt ist. Dies wird von den Pflegekassen auch überprüft. Wer Pflegegeld in Anspruch nimmt, ist verpflichtet, einen regelmäßigen Beratungseinsatz „hinzunehmen". Hier wird überprüft, ob die Pflege den pflegefachlichen Anforderungen genügt. Die Beratung dient also der Qualitätssicherung der häuslichen Pflege. Sie soll den Pflegenden zudem Hilfestellung und praktische pflegefachliche Unterstützung geben (ausführlicher zum Beratungseinsatz siehe auch S. 42).

Aus dem Vorrang der häuslichen Pflege folgt, dass auch teilstationäre Leistungen wie etwa Kurzzeitpflege (§ 42 SGB XI) gegenüber den Leistungen der vollstationären Pflege (§ 43 SGB XI) vorgehen. Diese Leistungen ergänzen oder ersetzen die häusliche Pflege. Sie stellen sicher, dass die enge Beziehung des Pflegebedürftigen zu seiner Familie und seinem Wohnbereich aufrechterhalten bleibt.

In Kapitel 4 „Auszeit von der Pflege" wird die Kurzzeitpflege noch genauer dargestellt.

Begriff der „Pflegebedürftigkeit"

Da Leistungen der Pflegeversicherung und auch sonstige Leistungsansprüche den Pflegenden betreffend maßgeblich davon abhängen, ob Pflegebedürftigkeit und wenn ja in welchem Grad vorliegt, sei hier kurz auf den neuen, ab 01.01.2017 geltenden Pflegebedürftigkeitsbegriff eingegangen.

Der bis 31.12.2016 geltende „alte" Pflegebedürftigkeitsbegriff stand seit der Einführung der sozialen Pflegeversicherung im Jahr 1995 in der Kritik, weil er nicht ausreichend pflegefachlich fundiert, defizitorientiert und vorrangig auf Alltagsverrichtungen in den Bereichen Mobilität, Ernährung, Körperpflege und hauswirtschaftliche Versorgung ausgerichtet sei und daher mehr auf körperliche und nicht auf kognitive oder psychische Beeinträchtigungen gerichtet ist. Zudem war er dem Vorwurf der „Minutenzählerei" ausgesetzt, weil in der Begutachtung bzw. Einstufung bisher vorrangig festgestellt wurde, wie viel Zeit bei der Unterstützung des Pflegebedürftigen erforderlich war.

Ab 01.01.2017 gilt der neue Pflegebedürftigkeitsbegriff, der in § 14 Abs. 1 SGB XI wie folgt definiert ist:

- Pflegebedürftig sind Personen, die gesundheitlich bedingte Beeinträchtigungen der Selbständigkeit und Fähigkeiten aufweisen und deshalb der Hilfe durch andere bedürfen.
- Es muss sich um Personen handeln, die körperliche, kognitive oder psychische Belastungen oder gesundheitlich bedingte Belastungen oder Anforderungen nicht selbständig kompensieren oder bewältigen können.
- Die Pflegebedürftigkeit muss (unverändert) auf Dauer, voraussichtlich für mindestens sechs Monate bestehen.
- Die Pflegebedürftigkeit muss eine gewisse Schwere aufweisen (Pflegegrade 1 bis 5).

Mit Einführung des neuen Pflegebedürftigkeitsbegriffes werden bei der Begutachtung der Pflegebedürftigkeit die Beeinträch-

Rechtsgrundlagen der Ansprüche von Pflegepersonen

tigungen der Selbständigkeit oder der Fähigkeiten – und zwar die körperliche, geistige und psychische gleichermaßen – erfasst. Diese Komponenten haben – je nach ihrer Schwere – Einfluss auf die Einstufung, die ab 01.01.2017 nicht mehr in drei Stufen, sondern in fünf Grade eingeteilt ist.

Durch den neuen Pflegebedürftigkeitsbegriff ändert sich also der Maßstab zur Bewertung der Pflegebedürftigkeit:

- Gleichbehandlung aller Pflegebedürftigen durch Orientierung am Grad der Selbständigkeit und Fähigkeit
- Gleichstellung von Pflegebedürftigen mit kognitiven Erkrankungen (z. B. demenzielle Erkrankungen) und psychischen Störungen (z. B. Depressionen) mit rein körperlich Beeinträchtigten

Ziel der Maßnahmen und Leistungen der Pflegeversicherung ist die Aktivierung der Pflegebedürftigen, um vorhandene Fähigkeiten zu erhalten und gegebenenfalls verlorene Fähigkeiten zurückzugewinnen.

Der Pflegegrad wird nun mit Hilfe eines neu entwickelten, pflegefachlich begründeten Begutachtungsinstruments ermittelt (sog. „Neues Begutachtungsassessment – NBA"), das in den letzten Jahren bereits in Modellversuchen ausführlich getestet wurde. Ausschlaggebend für die Einstufung in den jeweiligen Pflegegrad (PG) ist danach die Beeinträchtigung der Selbständigkeit oder Fähigkeiten (§ 15 SGB XI):

Pflegegrad (PG)	Beeinträchtigung der Selbständigkeit oder Fähigkeiten
PG 1	Geringe
PG 2	Erhebliche
PG 3	Schwere
PG 4	Schwerste
PG 5	Schwerste mit besonderen Anforderungen an die pflegerische Versorgung

Begriff der „Pflegebedürftigkeit"

Überleitungsregeln

Zwei Grundsätze wurden von Bundesgesundheitsminister Gröhe postuliert, als das Gesetzgebungsverfahren bzw. das Verfahren zum neuen Begutachtungsverfahren angestoßen wurde:

- Niemand soll durch die Einführung des neuen Pflegebedürftigkeitsbegriffs schlechter gestellt werden.
- Niemand, der bereits Leistungen bezieht, soll einen neuen Antrag auf Begutachtung stellen müssen.

Diese Grundsätze sind durch automatische Überleitungsregeln (§ 140 SGB XI) in das Gesetz übernommen worden, die ab 01.01.2017 gelten:

- Menschen mit körperlichen Einschränkungen werden automatisch in den im Vergleich zur bisherigen Pflegestufe nächst höheren Pfleggrad übergeleitet (sog. Stufensprung).
- Menschen mit geistigen oder psychischen Einschränkungen (die ggf. auch körperlich eingeschränkt sein können), werden automatisch in den übernächsten Pflegegrad überführt (sog. doppelter Stufensprung).

Diese Überleitungsregeln aus den Pflegestufen in die neuen Pflegegrade führen daher zu folgendem Ergebnis:

bis 31.12.2016	ab 01.01.2017	
	Ohne eingeschränkte Alltagskompetenz	Mit eingeschränkter Alltagskompetenz
Pflegestufe 0	--	Pflegegrad 2
Pflegestufe I	Pflegegrad 2	Pflegegrad 3
Pflegestufe II	Pflegegrad 3	Pflegegrad 4
Pflegestufe III	Pflegegrad 4	Pflegegrad 5
Pflegestufe III (Härtefall)	Pflegegrad 5	Pflegegrad 5

Dieser Bestandsschutz gilt lebenslang. Eine Schlechterstellung durch Neubegutachtung übergeleiteter Pflegebedürftiger wird ausgeschlossen. Eine Ausnahme gilt nur, wenn keine Pflegebedürftigkeit nach der neuen Begrifflichkeit mehr vorliegt. Eine Höherbegutachtung bei Verschlechterung des Zustandes ist ab 2017 natürlich weiterhin möglich.

Rechtsgrundlagen der Ansprüche von Pflegepersonen

Wichtig: Solange der Pflegebedürftige bereits bis zum 31.12.2016 Leistungen der Pflegeversicherung erhält und ambulant gepflegt wird, greift der Besitzstand in vollem Umfang. Wechselt der Pflegebedürftige aber ab 01.01.2017 in eine vollstationäre Einrichtung, erhält er bis zum Pflegegrad 3 nur noch die neuen abgesenkten Leistungsbeträge; zudem wird er durch den einrichtungseinheitlichen Eigenanteil belastet.

Leistungskatalog je Pflegegrad

Der volle Leistungskatalog der Pflegeversicherung (§ 28 SGB XI) steht ab 01.01.2017 nur Pflegebedürftigen und deren Pflegepersonen zu, wenn mindestens ein Pflegegrad 2 vorliegt.

Leistungen bei Pflegegrad 2 bis 5
- Pflegeberatung (§§ 7a und 7b SGB XI) - Pflegesachleistung = Kostenunterstützung für ambulante Pflegedienste (§ 36 SGB XI) - Pflegegeld für selbst beschaffte Pflegehilfen (§ 37 SGB XI) inkl. Beratung in der eigenen Häuslichkeit (§ 37 Abs. 3 SGB XI) - Kombination von Geld- und Sachleistung (§ 38 SGB XI) - Zusätzliche Leistungen für Pflegebedürftige in ambulant betreuten Wohngruppen (§ 38a SGB XI) - Häusliche Pflege bei Verhinderung der Pflegeperson (§ 39 SGB XI) - Versorgung mit Pflegehilfsmitteln (§ 40 Abs. 1 bis 3 und Abs. 5 SGB XI) - Finanzielle Zuschüsse für Maßnahmen zur Verbesserung des individuellen oder gemeinsamen Wohnumfeldes (§ 40 Abs. 4 SGB XI) - Tages- und Nachtpflege (§ 41 SGB XI) - Kurzzeitpflege (§ 42 SGB XI) - Vollstationäre Pflege (§ 43 SGB XI)

Begriff der „Pflegebedürftigkeit"

- Pflege in vollstationären Einrichtungen der Hilfe für behinderte Menschen (§ 43a SGB XI)
- Zusätzliche Betreuung und Aktivierung in stationären Pflegeeinrichtungen (§ 43b SGB XI)
- Leistungen zur sozialen Sicherung der Pflegepersonen (§ 44 SGB XI)
- Zusätzliche Leistungen bei Pflegezeit und kurzzeitiger Arbeitsverhinderung (§ 44a SGB XI)
- Pflegekurse für Angehörige und ehrenamtliche Pflegepersonen (§ 45 SGB XI)
- Entlastungsbetrag (§ 45b SGB XI)
- Anschubfinanzierung zur Gründung von ambulanten Wohngruppen (§ 45e SGB XI)

Für Pflegebedürftige und deren Pflegepersonen, die lediglich einen Pflegegrad 1 bei der Begutachtung erreichen, ist der Leistungskatalog wesentlich eingeschränkt. Hier wird davon ausgegangen, dass sie ihren Alltag noch überwiegend selbst meistern können. Dieser Personenkreis kann folgende Leistungen beanspruchen:

Leistungen bei Pflegegrad 1

- Pflegeberatung (§§ 7a und 7b SGB XI)
- Beratung in der eigenen Häuslichkeit (§ 37 Abs. 3 SGB XI)
- Zusätzliche Leistungen für Pflegebedürftige in ambulant betreuten Wohngruppen (§ 38a SGB XI)
- Versorgung mit Pflegehilfsmitteln (§ 40 Abs. 1 bis 3 und Abs. 5 SGB XI)
- Finanzielle Zuschüsse für Maßnahmen zur Verbesserung des individuellen oder gemeinsamen Wohnumfeldes (§ 40 Abs. 4 SGB XI)
- Zusätzliche Betreuung und Aktivierung in stationären Pflegeeinrichtungen (§ 43b SGB XI)

Rechtsgrundlagen der Ansprüche von Pflegepersonen

- Pflegekurse für Angehörige und ehrenamtliche Pflegepersonen (§ 45 SGB XI)
- Entlastungsbetrag (§ 45b SGB XI)
- Zuschuss bei vollstationärer Pflege (§ 43 Abs. 3 SGB XI)

Nicht alle dieser Leistungen können im Rahmen dieses Ratgebers, der sich auf die Rechte pflegender Angehöriger konzentriert, erläutert werden. Das Bundesministerium für Gesundheit veröffentlicht auf der Internetseite www.pflegestaerkungsgesetz.de Informationen, Arbeitshilfen und kleine Lerneinheiten zu den Leistungen der Pflegeversicherung, die nützliche Hinweise enthalten.

Übersicht über die finanziellen Leistungen

Leistung	Pflegegrad (PG) in EUR				
	PG 1	PG 2	PG 3	PG 4	PG 5
Entlastungsbetrag	125	125	125	125	125
Pflegegeld	—	316	545	728	901
Pflegesachleistung (ambulante Pflegedienste)	—	689	1.298	1.612	1.995
Vollstationäre Pflege	125	770	1.262	1.775	2.005

Wichtig: Personen, die nach beamtenrechtlichen Vorschriften oder Grundsätzen bei Krankheit und Pflege Anspruch auf Beihilfe oder Heilfürsorge haben, erhalten die jeweils zustehenden Leistungen zur Hälfte; dies gilt auch für den Wert von Sachleistungen (§ 28 Abs. 2 SGB XI).

Frist zur Begutachtung

Für Pflegenden und Betroffenen ist es zum Erhalt finanzieller Leistungen, aber auch zur Inanspruchnahme von Pflegezeit und/oder Familienpflegezeit wichtig, zu wissen, in welchen Pflegegrad eingestuft wird.

Grundsätzlich gilt: Der Gutachter (des MDK oder ein externer Gutachter) soll innerhalb von zwanzig Arbeitstagen ab Antragstellung eine Begutachtung vornehmen. Ist innerhalb dieser Frist

Begriff der „Pflegebedürftigkeit"

keine Begutachtung erfolgt, sind dem Antragsteller durch die Pflegekasse mindestens drei unabhängige Gutachter vorzuschlagen, aus denen er wählen kann (vgl. § 18 Abs. 3a SGB XI).

Aufgrund des zu erwartenden erhöhten Begutachtungsaufkommens wurde dieser Grundsatz durch das PSG II vorübergehend ausgesetzt bzw. begrenzt. Bis 31.12.2017 gilt diese Interimsregel: Dem Antragsteller sind nur dann drei unabhängige Gutachter zur Auswahl zu benennen, wenn ein besonders dringlicher Entscheidungsbedarf besteht und innerhalb von 20 Arbeitstagen nach Antragstellung keine Begutachtung erfolgt ist (vgl. § 142 Abs. 3 SGB XI).

Ein besonders dringlicher Entscheidungsbedarf besteht nur, wenn

- erstmals Pflegesachleistungen nach § 36 SGB XI oder
- erstmals vollstationäre Pflege nach § 43 SGB XI

beantragt werden.

Wichtig: Wird mit dem Erstantrag Pflegegeld (§ 37 SGB XI) beantragt oder eine Kombination von Pflegegeld und ambulanter Pflegesachleistung (§ 38 SGB XI), liegt kein besonders dringender Entscheidungsbedarf vor.

Die Frist von 20 Arbeitstagen für die Begutachtung kann auch kürzer sein; an diesen Fristen zur sog. Eilbegutachtung hat das PSG II nichts geändert.

Eilbegutachtung spätestens innerhalb von 2 Wochen
Eine verkürzte Begutachtungsfrist von zwei Wochen gilt, wenn - der Antragsteller im häuslichen Umfeld gepflegt wird, ohne palliativ versorgt zu werden und - die Inanspruchnahme von Pflegezeit gegenüber dem Arbeitgeber der Pflegeperson angekündigt bzw. Familienpflegezeit mit dem Arbeitgeber der Pflegeperson vereinbart wurde.

Rechtsgrundlagen der Ansprüche von Pflegepersonen

Eilbegutachtung spätestens innerhalb von 1 Woche

Befindet sich der Pflegebedürftige im Krankenhaus, einer stationären Rehabilitationseinrichtung, einem Hospiz und

- liegen Hinweise vor, dass eine Begutachtung in der Einrichtung zur Sicherstellung der ambulanten oder stationären Weiterversorgung und Betreuung erfolgen muss, oder
- wurde Pflegezeit gegenüber dem Arbeitgeber der Pflegeperson angekündigt bzw. Familienpflegezeit mit dem Arbeitgeber der Pflegeperson vereinbart,

muss die Begutachtung unverzüglich, spätestens innerhalb einer Woche nach Eingang des Antrags bei der Pflegekasse erfolgen.

Bei einer Eilbegutachtung wird „überschlagsmäßig" geprüft; der Gutachters muss nur eine Aussage darüber treffen, ob überhaupt eine Pflegebedürftigkeit vorliegt und ob mindestens der Pflegegrad 2 erfüllt ist. Eine abschließende Beurteilung wird dann noch nachgeholt.

Lese-Tipp:

Das Bundesministerium für Familie, Senioren, Frauen und Jugend stellt mit www.wege-zur-pflege.de im Internet zahlreiche Informationen zur Pflegeversicherung zur Verfügung.

Gleiches gilt für www.pflegestaerkungsgesetze.de.

Als weiterführenden Literatur sind auch die im Walhalla Fachverlag erschienenen Bücher zu empfehlen:

- Praxisratgeber Pflegeversicherung
  ISBN 978-3-8029-4082-8
- SGB XI – Soziale Pflegeversicherung
  ISBN 978-3-8029-7309-3
- SGB VI – Gesetzliche Rentenversicherung
  ISBN 978-3-8029-7308-6

Begriff „Pflegepersonen"

Im SGB XI arbeitet der Gesetzgeber mit zwei Begriffen: dem „Angehörigen" und der „Pflegeperson". Das kann, muss aber nicht immer die gleiche Person sein. Je nachdem, welcher Begriff verwendet wird, ergeben sich unterschiedliche Leistungen und Ansprüche.

> **Beispiel:**
>
> Aus § 45 Abs. 1 Satz 1 SGB XI ergibt sich, dass die Pflegekassen für **Angehörige** unentgeltlich Schulungskurse durchführen müssen, an denen diese kostenlos teilnehmen können.
>
> Aus § 45 Abs. 1 Satz 3 SGB XI ergibt sich, dass auf Wunsch der **Pflegeperson** (und der pflegebedürftigen Person) die Schulung in der häuslichen Umgebung des Pflegebedürftigen stattfinden muss.
>
> In einer einzigen Vorschrift werden also beide Begriffe verwendet. Anspruch auf eine individuelle Einzelschulung zuhause beim Pflegebedürftigen hat aber nur die Pflegeperson.

Der Begriff der Pflegeperson wird in § 19 SGB XI geregelt.

§ 19 Satz 1 SGB XI: Begriff der Pflegepersonen

Pflegepersonen im Sinne dieses Buches sind Personen, die **nicht erwerbsmäßig** einen **Pflegebedürftigen** im Sinne des § 14 in seiner **häuslichen Umgebung** pflegen.

- Eine Pflegetätigkeit gilt dabei als nicht erwerbsmäßig, wenn die Pflegeperson für die Pflegetätigkeit keine Vergütung erhält.

Wichtig: Ausgenommen ist dabei das Pflegegeld, das der Pflegebedürftige der Pflegegrade 2 bis 5 erhalten kann (§ 37 SGB XI). Dieses dient nach dem Gemeinsamen Rundschreiben des GKV-Spitzenverbandes und der Verbände der Pflegekassen auf Bundesebene zu den leistungsrechtlichen Vorschriften vom 26.04.2016 auch dazu „Pflegebedürftige in die Lage zu versetzen, Angehörigen, dem Lebenspartner und sonstigen Pflegepersonen eine

Rechtsgrundlagen der Ansprüche von Pflegepersonen

materielle Anerkennung für die mit großem Einsatz und Opferbereitschaft im häuslichen Bereich erbrachte Pflege und Betreuung zukommen zu lassen".

- Es muss eine Schwere der Pflegebedürftigkeit vorliegen, die zu einer Einstufung in einen der Pflegegrade 1 bis 5 (§§ 14, 15 SGB XI) führt.
- „Häusliche Umgebung" kann der eigene Haushalt, der Haushalt der Pflegeperson oder ein Haushalt sein, in den der Pflegebedürftige aufgenommen wurde (auch Altenwohung etc.). Ausgenommen ist hier die vollstationäre Pflege in einem Pflegeheim.

Praxis-Tipp:

Die Aufnahme der Tätigkeit als Pflegeperson bedeutet nicht, dass man alles für den pflegebedürftigen Angehörigen erledigen kann. Im Rechtsverkehr mit Behörden und Banken, bei ärztlichen Angelegenheiten, bei Öffnung der Post und vielen weiteren Belangen, die das Selbstbestimmungsrecht des Betroffenen tangieren, sind Vollmachten notwendig. Dies gilt auch, wenn der Angehörige die Pflege übernimmt. Gegebenenfalls ist auch eine rechtliche Betreuung notwendig.

Betroffene und Angehörige sollten sich unbedingt beraten lassen, welche Formen der Vollmachten (z. B. Vorsorgevollmacht, Betreuungsverfügung, Patientenverfügung) es gibt und welche in der jeweiligen Lebenssituation sinnvoll sind.

Qualifizierte Beratungen dazu führen örtliche Betreuungsvereine/-behörden durch. Sie haben dazu einen gesetzlichen Auftrag. Über die Sozialämter oder Amtsgerichte vor Ort können die Kontaktdaten erfragt werden.

Meldung der Pflegeperson an die Pflegekasse

Der Pflegekasse des Pflegebedürftigen muss bekannt sein, wer als Pflegeperson nach § 19 SGB XI die Pflege und Betreuung des Versicherten übernimmt um ihrer Pflicht nachkommen zu können, die in der Renten- und Unfallversicherung sowie nach Arbeitslosenversicherung zu versichernde Pflegeperson den zuständigen Renten- und Unfallversicherungsträgern sowie der Bundesagentur für Arbeit zu melden.

Denn: Nach ausdrücklichem Wortlaut in § 19 Satz 2 SGB XI erhält eine Pflegeperson Leistungen zur sozialen Sicherung, wenn sie

- eine oder mehrere pflegebedürftige Personen wenigstens zehn Stunden wöchentlich,
- verteilt auf regelmäßig mindestens zwei Tage in der Woche,

pflegt. Ausführlichere Informationen dazu finden Sie in Kapitel 5.

Wer Pflegeperson ist und wie viele Pflegetage bzw. Pflegestunden zum Einsatz kommen, wird im Begutachtungstermin zur Einstufung vom Gutachter abgefragt.

Der Gutachter legt im sogenannten Formulargutachten während der Begutachtung fest, ob die Pflegeperson die für die Rentenversicherung erforderliche Mindestpflegezeit von zehn Stunden für die Pflege von einer oder mehreren Personen erreicht wird (siehe folgende Abbildung). Bei der Begutachtung soll dies in einem persönlichen Gespräch mit den Betroffenen erörtert werden.

Diese Angaben werden dann an die Pflegekasse weitergegeben.

Wichtig: Kommen im Laufe der Pflege weitere Pflegepersonen dazu, dann sollten diese der Pflegekasse unbedingt weitergemeldet werden. Nur so ist gewährleistet, dass ggf. vorliegende soziale Sicherungssysteme zum Einsatz kommen bzw. die Pflegekasse eine Meldung beim jeweiligen Sozialversicherungsträger vornehmen kann.

Rechtsgrundlagen der Ansprüche von Pflegepersonen

Auszug aus dem Formulargutachten des MDK

Pflege durch	Angegebene Pflegetage pro Woche	Angegebene Pflegestunden pro Woche	*Mindeststundenzahl von 10 Stunden wöchentlich, verteilt auf regelmäßig mindestens 2 Tagen in der Woche wird nicht erreicht:* Angegebene Anzahl weiterer durch die Pflegeperson gepflegten Pflegebedürftige
Name, Vorname Geburtsdatum Geschlecht Adresse Telefon			
Name, Vorname Geburtsdatum Geschlecht Adresse Telefon			

* Für jede weitere Pflegeperson eine Zeile

Pflegegeld als finanzielle Anerkennung

Als gesetzlicher „Normalfall" wird es in § 36 SGB XI angesehen, dass der Pflegebedürftige professionelle ambulante Pflege (sog. häusliche Pflegehilfe = Pflegesachleistungen) in Anspruch nimmt, der den Angehörigen bzw. die Pflegeperson bei der Pflege und Betreuung unterstützt. Dieser „Normalfall" gilt bei den Pflegegraden 2 bis 5. Bei Pflegegrad 1 gibt es diese Möglichkeit nicht (siehe zum begrenzten Leistungskatalog dieses Personenkreises auf S. 17).

Der Pflegebedürftige kann sich aber auch dafür entscheiden, anstelle von Pflegesachleistungen nur Pflegegeld in Anspruch zu nehmen. Der entsprechende Passus in § 37 SGB XI dazu lautet wie folgt:

Pflegegeld als finanzielle Anerkennung

§ 37 SGB XI: Pflegegeld für selbst beschaffte Pflegehilfen
Pflegebedürftige der Pflegegrade 2 bis 5 können **anstelle** der häuslichen Pflegehilfe ein Pflegegeld beantragen. Der **Anspruch setzt voraus**, dass der Pflegebedürftige mit dem Pflegegeld dessen Umfang entsprechend die erforderlichen **körperbezogenen Pflegemaßnahmen** und **pflegerischen Betreuungsmaßnahmen** sowie **Hilfen bei der Haushaltsführung** in **geeigneter Weise** selbst sicherstellt.

Da der Pflegebedürftige Leistungsbezieher ist, wird das Pflegegeld von der Pflegekasse monatlich an ihn ausgezahlt bzw. im ersten Monat der Beantragung tageweise, wenn die Beantragung während des Monats stattfindet.

Was der Pflegebedürftige mit diesem Geld macht bzw. welche Leistungen er „einkauft", bleibt ihm überlassen. Allerdings muss er sicherstellen, dass seine Versorgung sichergestellt ist. Dies wird von der Pflegekasse auch über sog. Beratungseinsätze in der eigenen Häuslichkeit überprüft (dazu ausführlicher S. 42). Stellt sich heraus, dass die Versorgung nicht oder qualitativ richtig funktioniert, kann das Pflegegeld gestrichen werden.

Vom Grundsatz, dass das Pflegegeld direkt an den Pflegebedürftigen ausgezahlt wird, kann abgewichen werden. Möglich ist auch, dass das Pflegegeld direkt an die Pflegeperson gezahlt wird. Damit muss der Pflegebedürftige einverstanden sein; dies muss auch schriftlich bei der Pflegekasse angezeigt bzw. bei Antragstellung müssen die entsprechenden Kontodaten der Pflegeperson angegeben werden.

Wird das Pflegegeld an die Pflegeperson weitergegeben, so stellen gesetzliche Regelungen sicher, dass diese „Anerkennung" möglichst ungeschmälert bleibt.

Pflegegeld ist kein Einkommen

§ 13 Abs. 5 SGB XI bestimmt, dass Leistungen der Pflegeversicherung nicht als Einkommen gelten. Diese Freistellung hat sozialversicherungsrechtliche Auswirkungen bei der Prüfung der Familienversicherung in der gesetzlichen Krankenversicherung (§ 10 SGB V) sowie bei der Belastungsgrenze für Zuzahlungen in der gesetzlichen Krankenversicherung (§ 62 SGB V).

Rechtsgrundlagen der Ansprüche von Pflegepersonen

Dass Pflegegeld keine Einnahme zum Lebensunterhalt darstellt, hat auch steuerrechtliche Auswirkungen, wie wir gleich sehen werden.

§ 13 Abs. 6 SGB XI bestimmt, dass Pflegegeld bei der Ermittlung von Unterhaltsansprüchen und Unterhaltsverpflichtungen unberücksichtigt bleibt.

> **Beispiel:**
> Das Ehepaar Meier ist geschieden. Die Frau betreut das gemeinsame behinderte Kind, das in Pflegegrad 4 eingestuft ist. Das Pflegegeld in Höhe von monatlich 728 Euro, das direkt auf das Konto der Frau überwiesen wird, darf nicht auf den Unterhaltsanspruch gegenüber dem geschiedenen Ehemann angerechnet werden. Das Pflegegeld mindert den Unterhaltsanspruch also nicht.

Wichtig: Die vorstehenden Ausführungen gelten nicht für Pflegeunterstützungsgeld, das in Kapitel 3 näher erläutert wird. Dieses gilt als Entgeltersatzleistung für entgangenes Arbeitseinkommen und damit als Einnahme zum Lebensunterhalt.

Steuerrechtliche Auswirkungen

Befreiung von der Einkommensteuer

Die Weiterleitung des Pflegegeldes an die pflegende Person ist von der Einkommensteuer befreit (§ 3 Nr. 36 EStG). Der Gesetzgeber belohnt damit das pflegerische Engagement. Steuerbefreit sind Zahlungen an:

- Angehörige im Sinne von § 15 Abgabenordnung (Verlobte, Ehegatte, gleichgeschlechtliche Lebenspartner, Verwandte und Verschwägerte gerader Linie, Geschwister, Kinder der Geschwister, Ehegatten oder Lebenspartner der Geschwister und Geschwister der Ehegatten oder gleichgeschlechtlicher Lebenspartner, Geschwister der Eltern, Pflegeeltern und Pflegekinder)

Pflegegeld als finanzielle Anerkennung

- andere Personen als Angehörige, die damit eine sittliche Pflicht erfüllen (z. B. Partner einer nichtehelichen Lebensgemeinschaft)

Nutzung des Pflege-Pauschbetrags?

Das Einkommensteuergesetz nennt in § 33 Abs. 6 die Möglichkeit, bei Pflege einer Person einen Pflege-Pauschbetrag in Höhe von 924 Euro geltend zu machen. Dafür müssen folgende Voraussetzungen erfüllt sein:

- Die pflegebedürftige Person muss in der häuslichen Umgebung betreut und gepflegt werden (nicht in einer vollstationären Einrichtung).

- Der Gepflegte muss hilflos sein. Hilflos ist eine Person, wenn sie für eine Reihe von häufig und regelmäßig wiederkehrenden Verrichtungen zur Sicherung ihrer persönlichen Existenz im Ablauf eines jeden Tages fremder Hilfe dauernd bedarf. Es spielt keine Rolle, ob die Hilflosigkeit auf Krankheit, Behinderung, Unfall oder Alter zurückzuführen ist. Diese Definition entspricht dem des Merkzeichens H in einem Schwerbehindertenausweis.

Die Pflege muss persönlich erfolgen. Der Einsatz einer professionellen Pflege ist dabei möglich, der Anteil der Laienpflege muss aber mindestens zehn Prozent betragen.

Für die Pflege darf keine Bezahlung erfolgen. Der Pflegende darf also keine Pflegevergütung oder Ersatz für Aufwendungen, die im Zusammenhang mit der Pflege stehen, erhalten.

Gerade dieser letzte Aufzählungspunkt tangiert die Weiterleitung des Pflegegeldes (ganz oder zu Teilen) an den Angehörigen. Steuerrechtlich stellt sich damit die Frage, wie dies zu werten ist.

Das Einkommensteuergesetz selbst gibt hier nur für behinderte Kinder eine Antwort, in dem in § 33b Abs. 6 Satz 2 niedergelegt ist: „Zu diesen Einnahmen zählt unabhängig von der Verwendung nicht das von den Eltern eines behinderten Kindes für dieses Kind empfangene Pflegegeld."

Für alle anderen Fälle muss man differenzieren:

Rechtsgrundlagen der Ansprüche von Pflegepersonen

- Wird das Pflegegeld als „Dankeschön" weitergeleitet, erhält der Pflegenden dieses ganz oder zu Teilen zur persönlichen Verfügung, kann der Pauschbetrag nicht in Anspruch genommen werden.

Wichtig: Aufwendungen, die über die Höhe des weitergeleiteten Pflegegeldes hinausgehen (z. B. Fahrtkosten zur Wohnung des Gepflegten, Telefonkosten), können gegen Nachweis als außergewöhnliche Belastungen (§ 33 EStG) geltend gemacht werden.

- Wird das Pflegegeld zwar direkt an den Pflegenden weitergeleitet, allerdings mit der Auflage verbunden, dieses lediglich für Aufwendungen im Zusammenhang der Pflege zu verwenden, dann liegt keine Einnahme im Sinne des § 33 Abs. 6 EStG vor. Folge: Der Pflege-Pauschbetrag kann genutzt werden.

Wichtig: Der Verwendungszweck muss nachgewiesen werden können. Sinnvoll ist es daher, ein eigenes Konto einzurichten, auf welches das Pflegegeld gezahlt wird.

Auskunft, Beratung, Unterstützung

Aufklärung – Auskunft.. 30
Pflegeberatung.. 34
Pflegekurse.. 38
Beratungseinsatz in der eigenen Häuslichkeit..................... 42

Aufklärung – Auskunft

Aufklärungs-, Beratungs- und Auskunftsansprüche in der Sozialversicherung

Für alle Bereiche des Sozialgesetzbuches (SGB) enthält das Erste Buch (SGB I) Vorschriften über Aufklärung, Beratung und Auskünfte durch die Sozialleistungsträger. Es handelt sich dabei um die §§ 13 bis 15 SGB I. In § 13 SGB I geht es um die Aufklärung. Danach haben die Leistungsträger, ihre Verbände und die sonstigen im Sozialgesetzbuch genannten öffentlich-rechtlichen Vereinigungen (zum Beispiel Kassenärztliche Vereinigungen) im Rahmen ihrer Zuständigkeit die Bevölkerung über die Rechte und Pflichten nach dem SGB aufzuklären. Bezüglich der Leistungen der Pflegeversicherung wird diese Aufklärungspflicht in § 7 SGB XI noch konkretisiert (beachten Sie dazu die folgenden Ausführungen in diesem Abschnitt).

Unter Aufklärung ist die generelle, allgemeine Unterrichtung der Bevölkerung über soziale Rechte und Pflichten zu verstehen.

§ 14 SGB I sieht vor, dass jeder Versicherte Anspruch auf Beratung über seine sozialversicherungsrechtlichen Ansprüche, Rechte und Pflichten hat. Zuständig für die Beratung sind die Leistungsträger, denen gegenüber die Rechte geltend zu machen oder die Pflichten zu erfüllen sind. Dies bedeutet, dass Pflegepersonen, die von der Versicherungspflicht in der Unfall- und Rentenversicherung sowie der Arbeitsförderung erfasst werden, sich an die Träger dieser Versicherungszweige wenden können, wenn sie Beratungsbedarf haben.

Besondere Verpflichtungen der Krankenversicherungsträger sieht § 15 SGB I vor. Hiernach sind die nach Landesrecht zuständigen Stellen (in der Regel Versicherungsämter) sowie die Träger der gesetzlichen Krankenversicherung verpflichtet, über alle sozialen Angelegenheiten nach dem Sozialgesetzbuch Auskünfte zu erteilen.

Diese Auskunftspflicht erstreckt sich auf die Benennung der für die Sozialleistungen zuständigen Leistungsträger sowie auf alle Sach- und Rechtsfragen, die für die Auskunftssuchenden von

Aufklärung – Auskunft

Bedeutung sein können und zu deren Beantwortung die Auskunftsstelle imstande ist.

Die Auskunftsstellen sind im Übrigen verpflichtet, untereinander und mit anderen Leistungsträgern mit dem Ziel zusammenzuarbeiten, eine möglichst umfassende Auskunftserteilung durch eine Stelle sicherzustellen. Häufig kann der Einzelne gar nicht übersehen, welche Sozialleistungen für ihn in Betracht kommen und an welchen Leistungsträger er sich wenden muss. Damit der Betroffene nicht von einer Stelle an die andere verwiesen wird und durch die Gliederung und Vielschichtigkeit des Sozialleistungssystems Nachteile erleidet, wurde dieses Kooperationsgebot in § 15 SGB I aufgenommen.

Während die Pflicht zur Aufklärung in der Regel nicht gerichtlich verfolgt werden kann, ist dies bei der Beratung und der Auskunft anders. Unter Umständen macht sich der Leistungsträger nämlich schadensersatzpflichtig (Amtspflichtverletzung). Hier ist Vorsatz oder Fahrlässigkeit des betreffenden Bediensteten erforderlich, wenn eine falsche Auskunft oder Beratung oder im Rahmen des § 13 SGB I eine falsche Erklärung gegeben wird und dadurch ein Schaden entsteht.

Im Übrigen hat die höchstrichterliche Rechtsprechung zur Sozialversicherung festgestellt, dass aus dem zwischen Versicherten und Versicherungsträger bestehenden Sozialrechtsverhältnis den Versicherungsträger als Nebenpflicht eine Betreuungspflicht gegenüber dem Versicherten trifft. Der Versicherungsträger hat nämlich den Versicherten mit dem Ziel, dessen soziale Rechte möglichst weitgehend zu verwirklichen, verständnisvoll zu fördern.

Dieser Verpflichtung des Versicherungsträgers entspricht im Falle der Verletzung der Betreuungspflicht der Anspruch des Versicherten, sozialversicherungsrechtlich so gestellt zu werden, wie er bei ordnungsgemäßer Betreuung stehen würde. Es wird hier von einem sozialrechtlichen Herstellungsanspruch gesprochen. Der sozialrechtliche Herstellungsanspruch hat zur Voraussetzung (z. B. Urteil des BSG vom 18.01.2011, Az. B.4 AS 29/10 R), dass

- der Sozialleistungsträger eine ihm aufgrund des Gesetzes oder eines Sozialrechtsverhältnisses obliegende Pflicht, insbesondere zur Beratung und Auskunft (§§ 14, 15 SGB I), verletzt hat

Auskunft, Beratung, Unterstützung

(z. B. mitzuteilen, dass für die Leistung ein Antrag gestellt muss),

- zwischen der Pflichtverletzung des Sozialleistungsträgers und dem Nachteil des Betroffenen ein ursächlicher Zusammenhang besteht (z. B. dass aufgrund der Nichtantragstellung eine Leistung nicht erbracht wurde bzw. rückwirkend nicht mehr erbracht werden kann),

- der durch das pflichtwidrige Verwaltungshandeln eingetretene Nachteil durch eine zulässige Amtshandlung beseitigt werden kann.

Besondere Ausprägung in der sozialen Pflegeversicherung

In § 7 SGB XI wird der Anspruch auf Auskunft und Aufklärung für die soziale Pflegeversicherung konkretisiert.

Angesprochen werden dort die Versicherten – also die Pflegebedürftigen – selbst sowie deren Angehörige und Lebenspartner. Sie sind von der Pflegekasse des Versicherten in den mit der Pflegebedürftigkeit zusammenhängenden Fragen, insbesondere über Leistungen der Pflegekassen sowie über die Leistungen und Hilfen anderer Träger, zu informieren. Gemeint sind hier insbesondere allgemeine Fragestellungen; eine individuelle Pflegeberatung erfolgt an dieser Stelle noch nicht.

Diese Information hat in einfacher Sprache zu erfolgen, sodass diese insbesondere auch für die Personen verständlich ist, deren Muttersprache nicht Deutsch ist. Dies gilt auch für schriftliche Informationen der Pflegekassen.

Die Aufklärung bzw. Auskunft muss auch so schnell wie möglich (unverzüglich = ohne schuldhaftes Zögern) erfolgen, damit die frühzeitige Nutzung aller zur Verfügung stehenden Pflegeleistungen gewährleistet wird.

Nach Eingang eines Antrages auf Leistungen bei der Pflegekasse, muss die Pflegekasse – ebenfalls unverzüglich – informieren über:

- den Anspruch auf unentgeltliche Pflegeberatung nach § 7a SGB XI

- den nächstgelegenen Pflegestützpunkt nach § 7c SGB XI,

Aufklärung – Auskunft

- die Möglichkeit des Bezugs von Leistungs- und Preisvergleichslisten (siehe gleich),
- ob und welche Verträge zur integrierten Versorgung (= Kooperationen von Ärzten, Krankenhäusern, Rehabilitationseinrichtungen und Pflegeeinrichtungen) es gibt und wo man diese einsehen kann; Art, Inhalt und Umfang der zu erbringenden Leistungen und der für die Versicherten entstehenden Kosten sind auf einer eigenen Internetseite zu veröffentlichen

Der Versicherte hat ein Wahlrecht zwischen Einrichtungen und Diensten verschiedener Träger (§ 2 Abs. 2 SGB XI). Der Hinweis auf die Möglichkeit des Bezugs von Leistungs- und Preisvergleichslisten über die Leistungen und Vergütungen der zugelassenen Pflegeeinrichtungen sowie der Angebote zur Unterstützung im Alltag (siehe ausführlicher bei Entlastungsbetrag, S. 94) soll den Versicherten darin unterstützen, das für ihn richtige Angebot zu finden und Transparenz hinsichtlich der bestehenden Versorgungsangebote schaffen. Die Vergleichslisten müssen mindestens die geltenden Festlegungen der Vergütungsvereinbarungen mit zugelassenen Pflegeeinrichtungen sowie die regional verfügbaren Entlastungsangebote enthalten.

Auf Wunsch hat die Pflegekasse diese Leistungs- und Preisvergleichslisten auszuhändigen oder in geeigneter Form zu übermitteln, das heißt per E-Mail oder auf dem Postwege.

Als weiterer Informationsweg müssen diese Listen und Angebote über Internetpräsenzen der Landesverbände der Pflegekassen veröffentlicht und regelmäßig aktualisiert werden. Die Modalitäten zu den Vergleichslisten sowie deren Veröffentlichungspflicht im Internet ist ausführlich in § 7 Abs. 3 SGB XI beschrieben.

Zu informieren ist auch über die Leistungen und Hilfen anderer Träger.

Zudem sind der Versicherte, seine Angehörigen und sein Lebenspartner darüber aufzuklären, dass sie einen Anspruch auf Übermittlung des Gutachtens des MDK oder des von der Pflegekasse beauftragten Gutachters sowie der gesonderten Präventions- und Rehabilitationsempfehlung gemäß § 18a Abs. 1 SGB XI haben.

Auskunft, Beratung, Unterstützung

Pflegeberatung

Anspruch auf individuelle Beratung und Hilfestellung durch einen Pflegeberater haben Leistungsempfänger nach dem SGB XI sowie Antragsteller auf SGB XI-Leistungen, die einen Hilfebedarf und entsprechenden Beratungsbedarf haben.

Wichtig: Angehörige oder Pflegepersonen nach § 19 SGB XI haben keinen eigenständigen Anspruch auf diese Leistung. Wie sich aus § 7a Abs. 2 Satz 1 SGB XI ergibt, erfolgt nur auf Wunsch einer pflegebedürftigen Person gegenüber ihren Angehörigen oder weiteren Personen eine Pflegeberatung. Das Gleiche gilt für die Einbeziehung des Angehörigen in die Beratung des Pflegebedürftigen.

Die Pflegekasse hat aber die Pflicht, dem Pflegebedürftigen ein Angebot auf eine Beratung innerhalb von zwei Wochen nach Antragstellung zu machen. Dies gilt

- bei Erstanträgen,
- aber auch bei Folgeanträgen (z. B. Antrag auf Höherstufung, Antrag auf Verhinderungspflege, Wechsel von Pflegesachleistungen zu Pflegegeld usw.)

Dazu kann sie einen konkreten Beratungstermin und eine Kontaktperson benennen (§ 7b Abs. 1 Satz 1 Nr. 1 SGB XI) oder einen Beratungsgutschein für eine Beratungsstelle (§ 7b Abs. 1 Satz 1 Nr. 2 SGB XI) ausstellen.

Auf Wunsch des Pflegebedürftigen darf der Termin zur Beratung auch außerhalb der Zwei-Wochenfrist liegen. Der Pflegeberater kommt auf Wunsch des Pflegebedürftigen nach Hause. Auch über diese Möglichkeiten hat die Pflegekasse zu informieren.

Jeder Pflegebedürftige soll eine feste, für ihn zuständige Beratungsperson haben. Ist der zuständige Pflegeberater nicht da, muss die Pflegekasse für eine Vertretung sorgen oder eine sonstige Beratungsstelle benennen, um die Zwei-Wochen-Frist für die Einräumung eines Beratungstermins zu gewährleisten.

Die Pflegeberatung soll dem Pflegebedürftigen eine individuelle Beratung und Hilfestellung für seine besonderen Lebensumstände

Pflegeberatung

ermöglichen. Inhaltlich geht die Pflegeberatung weit über die allgemeine Information der Pflegekasse nach § 7 SGB XI hinaus.

Eine individuelle Pflegeberatung umfasst nach § 7a SGB XI insbesondere:

- Ermittlung des individuellen Hilfebedarfs auf der Grundlage der Ergebnisse des Einstufungsgutachtens
- Klärung der Ansprüche gegenüber der Pflegekasse und anderen Leistungsträgern (z. B. der Krankenversicherung bezüglich häuslicher Krankenpflege oder Hilfsmittel)
- Erstellung eines individuellen Versorgungsplans, also Zusammenstellung und Sicherung von passgenauen gesundheitsfördernden, präventiven, kurativen, rehabilitativen oder sonstigen medizinischen sowie pflegerischen und sozialen Hilfen
- Koordinierung und Steuerung der erforderlichen Hilfe- und Unterstützungsleistungen
- Aufnahme von Veränderungen des Hilfebedarfs und Anpassung der notwendigen Leistungen
- Information über Leistungen zur Entlastung der Pflegepersonen

Wichtig: Stets zu beachten ist das Selbstbestimmungsrecht des Pflegebedürftigen, das in § 2 SGB XI geregelt ist. Von daher ist der vom Pflegeberater aufgestellte Versorgungsplan weder zwingend noch stellt er eine Verpflichtung dar. Er hat nur einen empfehlenden Charakter. Werden die Vorschläge nicht aufgenommen oder umgesetzt, so hat dies keine negativen Auswirkungen auf die Leistungen der Pflegeversicherung.

Zusammengefasst ist es Aufgabe des Pflegeberaters, dem Pflegebedürftigen bei der Formulierung seines Hilfebedarfs unter Berücksichtigung seiner Wünsche gegenüber der Pflegekasse zu helfen. Anträge, die Leistungen der sozialen Pflegeversicherung sowie der gesetzlichen Krankenversicherung betreffen, können auch mündlich gegenüber dem Pflegeberater gestellt werden. Sofern der Pflegeberater nicht selbst entscheidungsbefugt ist, leitet er den Antrag an den zuständigen Leistungsträger weiter.

Auskunft, Beratung, Unterstützung

Der Anspruch auf Pflegeberatung besteht unmittelbar gegenüber der zuständigen Pflegekasse. Sie muss dafür sorgen, dass genügend Pflegeberater zur Verfügung stehen. Dabei kann sie die Aufgabe selbst wahrnehmen oder auf Dritte übertragen (z. B. auf Sozialberatungsstellen, kommunale Fachstellen). Wurde die Aufgabe übertragen, so ist ein Beratungsgutschein auszustellen, der bei einer Beratungsstelle innerhalb von zwei Wochen nach Antragseingang eingelöst werden kann. In diesem Beratungsgutschein müssen Beratungsstellen benannt sein, bei denen die Einlösung des Beratungsgutscheins zu Lasten der Pflegekasse möglich ist.

Sofern ein Pflegestützpunkt in der Nähe des Wohnortes des Pflegebedürftigen eingerichtet ist, muss die Pflegekasse sicherstellen, dass die Pflegeberatung auch dort in Anspruch genommen werden kann (§ 7a Abs. 1 Satz 8 SGB XI).

Pflegestützpunkte

Zur wohnortnahen Beratung, Versorgung und Betreuung der Versicherten richten die Pflegekassen Pflegestützpunkte ein (§ 7c SGB XI). Das hat dann zu erfolgen, wenn die zuständige Landesbehörde dies bestimmt.

Aufgaben der Pflegestützpunkte sind:

- Umfassende sowie unabhängige Auskunft und Beratung zu den Rechten und Pflichten nach dem SGB und zur Auswahl und Inanspruchnahme der bundes- oder landesrechtlich vorgesehenen Sozialleistungen und sonstigen Hilfsangebote,
- Koordinierung aller für die wohnortnahe Versorgung und Betreuung in Betracht kommenden gesundheitsfördernden, präventiven, kurativen, rehabilitativen und sonstigen medizinischen sowie pflegerischen und sozialen Hilfs- und Unterstützungsangebote einschließlich der Hilfestellung bei der Inanspruchnahme der Leistungen,
- Vernetzung aufeinander abgestimmter pflegerischer und sozialer Versorgungs- und Betreuungsangebote.

Die bisherige Umsetzung, Pflegestützpunkte zu schaffen, die umfassend über soziale Leistungen informieren und dabei kommunale Angebote einschließen, hat bisher noch nicht so gut funktioniert, wie vom Gesetzgeber gewünscht. Je nach Bundesland gibt es diese Institution wenigstens ansatzweise, voll umgesetzt (z. B. Rheinland-Pfalz) oder eben gar nicht (z. B. Sachsen). Hier eine Länderübersicht:

Anzahl der Pflegestützpunkte in den Bundesländern

- Baden-Württemberg: 63
- Bayern: 9
- Brandenburg: 19
- Berlin: 12
- Bremen: 7
- Hamburg: 7
- Hessen: 20
- Mecklenburg-Vorpommern: 9
- Niedersachsen: 33
- Nordrhein-Westfalen: 66
- Rheinland-Pfalz: 112
- Saarland: 8
- Sachsen: —
- Sachsen-Anhalt: —
- Schleswig-Holstein: 23
- Thüringen: 2

Auf der Internetseite www.pflegestuetzpunkte-online.de können die Adressen und Kontaktdaten der einzelnen Pflegestützpunkte abgefragt werden.

Mit dem Pflegestärkungsgesetz III (PSG III), das ebenfalls am 01.01.2017 in Kraft tritt, soll die kommunale Beteiligung an der Pflegeberatung (nochmals) gestärkt werden.

Auskunft, Beratung, Unterstützung

Pflegekurse

Mit der Pflege übernehmen Angehörige große Verantwortung sich und dem Pflegebedürftigen gegenüber. Neben dem Meistern psychischer und physischer Belastungen gibt es auch viel Organisatorisches, Pflegerisches und auch Rechtliches zu lernen. Diese Unterstützung jeden Tag zu leisten, kann als weniger belastend erfahren werden, wenn die pflegenden Angehörigen und die anderen an ehrenamtlicher Pflege interessierten Personen hierzu fachlich qualifizierte Hilfestellungen erhalten haben. Entsprechende Kurse, Seminare und Schulungen sollen dazu beitragen.

Die Bundesregierung misst den Pflegekursen große Bedeutung zu. Mit ihnen soll zum einen das allgemeine Interesse der Menschen an der Pflege aufgegriffen und gefördert werden. Zum anderen sollen mit ihnen aber auch pflegefachliche Kenntnisse und praktische Hilfestellungen vermittelt werden, um eine konkrete Pflegesituation so gut wie möglich bewältigen zu können. Mit dem Pflegestärkungsgesetz II (PSG II) wurde deshalb zum 01.01.2016 eine Verpflichtung der Pflegekassen eingeführt, kostenlose Pflegekurse zu gewähren; bis dahin gab es lediglich eine entsprechende Sollvorschrift.

Rechtsanspruch auf Schulungen

Rechtsgrundlage für die Gewährung von Kursen an Pflegepersonen ist § 45 SGB XI. In der Fassung des Pflegestärkungsgesetzes II (PSG II) schreibt die Vorschrift seit 01.01.2016 vor, dass die Pflegekassen für Angehörige und sonstige an einer ehrenamtlichen Pflegetätigkeit interessierten Personen unentgeltlich Schulungskurse durchzuführen haben.

Für Pflegepersonen nach § 19 SGB XI (siehe dazu Kapitel 1) ist dieser Anspruch noch weiter gefasst: auf Wunsch sind auch Einzelschulungen in der häuslichen Umgebung des Pflegebedürftigen durchzuführen. Damit kann auf die individuelle Pflegesituation im alltäglichen Wohnumfeld eingegangen und nach Verbesserungsmöglichkeiten für alle Beteiligten gesucht werden.

Aber: Damit eine Schulung zuhause beim Pflegebedürftigen durchgeführt werden kann, bedarf es der schriftlichen Einwil-

Pflegekurse

ligung des Pflegebedürftigen. Ist der Pflegebedürftige einwilligungsunfähig, ist die Einwilligung des hierzu Berechtigten (z. B. Bevollmächtigter durch Vorsorgevollmacht, gesetzlicher Betreuer) einzuholen.

Kursanbieter

Die Pflegekasse kann die Kurse entweder selbst oder gemeinsam mit anderen Pflegekassen durchführen oder geeignete andere Einrichtungen mit der Durchführung beauftragen. So werden Pflegekurse oft in Kooperation mit Verbänden der freien Wohlfahrtspflege (z. B. Johanniter, Rotes Kreuz), mit Volkshochschulen, mit Vereinen oder auch im Rahmen von Nachbarschaftshilfeprojekten angeboten. Mit diesen Organisationen werden entsprechende Rahmenvereinbarungen getroffen, damit die einheitliche inhaltliche Gestaltung und Qualität der Kurse gewährleistet ist.

Sofern eine Einzelschulung in der häuslichen Umgebung des Pflegebedürftigen gewünscht ist, werden meist Pflegedienste von den Pflegekassen beauftragt. Auch mit diesen sind dann zur Qualitätssicherung entsprechende Rahmenverträge geschlossen.

Praxis-Tipp:

Wenn Sie Interesse an einem solchen Kurs haben, lassen Sie sich von der Pflegekasse beraten, mit welchen Kursanbietern entsprechende Verträge geschlossen wurden. Falls Sie sich direkt an einen Kursanbieter wenden, klären Sie, ob ein Rahmenvertrag mit der Pflegekasse vorliegt. Und denken Sie daran: Diese Kurse sind kostenlos bzw. werden über die Pflegekasse finanziert. Sie selbst müssen dafür keine Kursgebühr entrichten.

Inhalte der Kurse

Beispiele für in den Pflegekursen behandelten Themen sind:

- Mobilisierungs- und Lagerungsmethoden
- Rückenschonende Transfer-Methoden (beispielsweise vom Bett in den Rollstuhl und umgekehrt)

Auskunft, Beratung, Unterstützung

- Ernährung und Vorbeugung (zum Beispiel Dekubitus-Prophylaxe)
- Hilfsmittel und Rehabilitationsmaßnahmen
- Recht der Pflegeversicherung

Im Rahmen dieser Kurse sollen bzw. können die Teilnehmer

- über ihre persönlichen Probleme innerhalb der Pflegesituation sprechen,
- sich Anregungen und Tipps für ihre spezielle häusliche Situation holen,
- sich mit ebenfalls Betroffenen austauschen,
- verschiedene Entlastungsangebote kennen lernen,
- Versagungsängste abbauen.

Neuer Pflegebedürftigkeitsbegriff ist zu berücksichtigen

Durch die Einführung des neuen Pflegebedürftigkeitsbegriffes ab 01.01.2017 wird das Bild von Pflege zudem vielschichtiger. Um den individuellen Bedürfnissen der Betroffenen im Pflegealltag gut gerecht werden zu können, sind deshalb gerade Schulungsangebote ein wichtiger Baustein. Dies gilt beispielsweise auch bei der Unterstützung der Pflegebedürftigen bei besonderen krankheits- oder therapiebedingten Anforderungen und Belastungen oder bei der Herausforderung, den Pflegebedürftigen trotz seines Hilfebedarfs weiterhin die Pflege sozialer Kontakte zu eröffnen.

In den Kursen ist der Einführung des neuen Verständnisses von Pflegebedürftigkeit Rechnung zu tragen, das allen Handeln zugrunde liegt und – nach der in der Gesetzesbegründung vertretenen Auffassung – entsprechend vermittelt werden muss. Im Gegensatz zum bis zum 31.12.2016 geltenden Recht stehen im Mittelpunkt hierbei nicht mehr die Defizite, die pflegebedürftige Menschen aufweisen. Vielmehr ist es das Ziel, das Ausmaß ihrer Selbstständigkeit erkennbar zu machen. Davon ausgehend wird sodann das Ausmaß der Abhängigkeit von Hilfe durch andere festgestellt, so dass die Schulungen hier individuell und gezielt ansetzen können.

Pflegekurse

Selbsthilfeorganisationen

Es gibt auch zahlreiche Spezialkurse, die von Selbsthilfeorganisationen angeboten werden. Über die Nationale Kontakt- und Informationsstelle zur Anregung und Unterstützung von Selbsthilfegruppen (NAKOS) können bundesweit bzw. regional tätige Selbsthilfevereinigungen, Selbsthilfe-Internetforen und Institutionen mit Selbsthilfebezug angefragt bzw. über deren Homepage recherchiert werden (www.nakos.de).

Auch die Deutsche Alzheimergesellschaft ist eine gute Anlaufstelle. Sie bietet zum Beispiel Angehörigen eine Schulungsreihe, in der sie alles über den Verlauf der Alzheimer-Krankheit, über die Pflegeversicherung sowie über Entlastungsangebote und über rechtliche Themen erfahren.

> **Praxis-Tipp:**
>
> Die regionalen Mitgliedschaften der Alzheimergesellschaft informieren jeweils über aktuelle Veranstaltungstermine.
>
> Homepage: www.deutsche-alzheimer.de (dort: Über uns | Mitgliedgesellschaften)
>
> Telefonische Auskunft und Beratung durch das Alzheimer-Telefon der Deutschen Alzheimer Gesellschaft: (030) 259 379 514.

Wer übernimmt in dieser Zeit die Pflege?

Wenn der Pflegende in einer offenen Schulung, einer Seminarreihe oder einem Kurs außer Haus ist, stellt sich die Frage, wer in dieser Zeit, die Betreuung des Pflegebedürftigen übernimmt.

Hier hilft die Leistung „Verhinderungspflege" (auch als Ersatzpflege bezeichnet). Mithilfe dieser Leistung kann beispielsweise ein Pflegedienst für die Versorgung beauftragt werden; die Kosten dafür kann man sich dann von der Pflegekasse im Rahmen dieser Leistung erstatten lassen (ausführlicher dazu siehe S. 86).

Auskunft, Beratung, Unterstützung

Beratungseinsatz in der eigenen Häuslichkeit

Wer Pflegegeld bezieht, ist verpflichtet, in regelmäßigen Abständen einen Beratungsbesuch (auch Beratungseinsatz genannt) nach § 37 Abs. 3 SGB XI abzurufen. Hierauf wird bereits im Bewilligungsbescheid aufmerksam gemacht.

Durchführen darf den Beratungseinsatz

- eine Pflegeeinrichtung, die einen Versorgungsvertrag mit der Pflegekasse hat
- eine von der Pflegekasse beauftragte – jedoch von ihr nicht beschäftigte – Pflegefachkraft
- eine von den Landesverbänden der Pflegekassen anerkannte Beratungsstelle mit nachgewiesener pflegefachlicher Kompetenz

Dieser Besuch ist für den Pflegebedürftigen kostenlos. Anfallende Kosten werden von der Pflegekasse direkt mit der Pflegekraft bzw. mit dem Pflegedienst abgerechnet.

Das Gesetz sieht eine Vergütung für Pflegebedürftige

- der Pflegegrade 2 und 3 bis zu 23 Euro
- der Pflegegrade 4 und 5 bis zu 33 Euro

vor.

Diese Höchstsätze gelten entsprechend für Pflegebedürftige der Pflegegrade 2 bis 5, die ambulante Pflegesachleistung nach § 36 SGB XI beziehen und den Beratungseinsatz freiwillig in Anspruch nehmen.

Für Pflegebedürftige des Pflegegrades 1 können bis zu 23 Euro vergütet werden.

Wichtig: Mit der Vergütung sind alle Kosten (z. B. Fahrkosten-/Hausbesuchspauschalen) abgegolten, etwaig zusätzlich anfallende Kosten dürfen weder gegenüber dem Pflegebedürftigen noch der Pflegekasse berechnet werden.

Wie oft ein solcher Besuch abzurufen ist, richtet sich nach der Schwere der Pflegebedürftigkeit:

Beratungseinsatz in der eigenen Häuslichkeit

- Pflegegrad 2 und 3: halbjährlich
- Pflegegrad 4 und 5: vierteljährlich

Pflegebedürftige des Pflegegrades 1 können halbjährlich einen Beratungsbesuch in Anspruch nehmen, verpflichtend ist dies aber nicht.

Die Verpflichtung entfällt, wenn zusätzlich zum Pflegegeld auch Pflegesachleistungen nach § 36 SGB XI in Anspruch genommen werden. Der Gesetzgeber geht hier davon aus, dass durch den Einsatz professioneller Pflegekräfte dem Qualitätssicherungsgedanken bereits ausreichend Rechnung getragen ist. Dieser Personenkreis kann einen Beratungsbesuch aber freiwillig durchführen lassen.

Denn darum geht es – die Beratungsbesuche sollen absichern, dass der Pflegebedürftige qualitativ ausreichend versorgt ist. Die Beratungseinsätze dienen also der Qualitätssicherung in der häuslichen Pflege. Dazu das Gemeinsame Rundschreiben zu den leistungsrechtlichen Vorschriften vom 26.04.2016 des GKV-Spitzenverbandes:

> „Die Informationen aus diesen Beratungseinsätzen sollen dazu beitragen, dass alle an der Pflege Beteiligten (insbesondere Pflegekasse, Krankenkasse, Träger der Sozialhilfe, aber auch Angehörige/Lebenspartner bzw. Pflegepersonen) im Rahmen eines Case-Managements ihre Möglichkeiten zur Verbesserung der individuellen Pflegesituation umfassend ausschöpfen. Nur bei konsequenter Ausschöpfung dieser Möglichkeiten kann die Pflege im häuslichen Bereich entsprechend der Zielsetzung des Pflegeversicherungsgesetzes länger erhalten bleiben."

Ob die häusliche Pflege sichergestellt ist, wird insbesondere aufgrund des Allgemein- und Ernährungszustandes des Pflegebedürftigen beurteilt. Auch das pflegerische Umfeld wird bewertet, ob sich etwa Hinweise auf eine Verwahrlosung ergeben. Zusätzlich wird die physische und psychische Belastung der Pflegeperson einbezogen. Aufgrund der getroffenen Feststellungen werden

Auskunft, Beratung, Unterstützung

Maßnahmen empfohlen, welche die Pflegesituation verbessern sollen, z. B.

- Einsatz von (Pflege-)Hilfsmitteln
- Hinweise zur Anpassung des Wohnraumes
- Einleitung von Leistungen zur medizinischen Rehabilitation
- Beratung und Hinweise zu Leistungen der Pflegeversicherung, die ggf. ergänzend in Anspruch genommen werden können, wie etwa Tages- und Nachtpflege
- Empfehlung von Pflegekursen oder auch Kontakte zu Selbsthilfe- und/oder Angehörigengruppen am Ort.

Wichtig: Dieser Besuch dient nicht der Überprüfung des Pflegegrades. Gleichwohl kann die Pflegekraft darauf hinwirken, dass ein Antrag auf Höherstufung gestellt wird, wenn sie feststellt, dass sich der Gesundheitszustand verschlechtert bzw. der Hilfebedarf angesichts dieses Gesundheitszustandes höher geworden ist.

Der Pflegebedürftige kann wählen, wer den Beratungsbesuch durchführen soll. Die Pflegekassen haben dazu entsprechende Adressen mitzuteilen. Sinnvoll ist es sicher, jeweils denselben Pflegedienst zu beauftragen um eine Kontinuität in den Beratungsbesuch zu bringen.

Sofern Pflegeberatung nach § 7a SGB XI in Anspruch genommen wird und in Pflegeberater mit der persönlichen Pflegesituation des Pflegebedürftigen vertraut ist, kann auf Wunsch des Pflegebedürftigen auch dieser den Beratungsbesuch durchführen.

Die regelmäßigen Besuchstermine durch ausgebildete Pflegefachkräfte sind als Mitwirkungspflicht des Pflegebedürftigen vorgeschrieben. Sie müssen gegenüber der Pflegekasse (bei Beihilfeberechtigten der Beihilfefestsetzungsstelle) nachgewiesen werden.

Erfolgt dies nicht, ist das Pflegegeld angemessen zu kürzen und im Wiederholungsfall zu entziehen. Als angemessen wird vom GKV-Spitzenverband in seinem Rundschreiben vom 26.04.2016 eine Kürzung des Pflegegeldes von 50 Prozent angesehen, wobei allerdings stets der Einzelfall zu berücksichtigen sei. Hierüber wird

Beratungseinsatz in der eigenen Häuslichkeit

der Pflegebedürftige unmittelbar nach Ablauf der viertel- bzw. halbjährigen Frist von der Pflegekasse brieflich informiert.

Kommt es während einer Pflegegeldkürzung zur Nachweisführung, dass eine Beratung stattgefunden hat, wird die volle Pflegegeldzahlung ab dem Tag, an dem der Beratungseinsatz durchgeführt wurde, wieder aufgenommen.

Der Nachweis erfolgt in der Regel durch die Pflegekraft, die nach dem Beratungseinsatz einen Bericht über eventuelle Veränderungen der Pflegesituation, zusätzlich nötig gewordene Hilfsmittel, Rehabilitationsmaßnahmen oder mehr Unterstützung für die Pflegenden an die Pflegekasse weiterleitet. Eine Kopie des Berichts erhält der Pflegebedürftige.

Wichtig: Die Weiterleitung des Berichts an die Pflegekasse bzw. Beihilfefestsetzungsstelle ist nur mit Einverständnis des Pflegebedürftigen bzw. seines gesetzlichen Vertreters (falls der Pflegebedürftige nicht selbst zustimmen kann) zulässig. Wegen der eben dargestellten Sanktionsregel (Kürzung/Streichung des Pflegegeldes) will aber wohl überlegt sein, dieser Weiterleitung zu widersprechen.

Der Beratungsbesuch sollte nicht als Gängelei oder Kontrolle verstanden werden. Vielmehr sollte er als Chance betrachtet werden, sich mit Fachleuten zu pflegerischen, organisatorischen und auch leistungsrechtlichen Fragen auszutauschen. Hier können erfahrene Pflegefachkräfte viel aus ihrem Erfahrungsschatz empfehlen, was dem Pflegebedürftigen, aber auch dem Pflegenden zugute kommen kann.

Auszeit vom Beruf

Vereinbarkeit von Pflege und Beruf 48
Kurzzeitige Arbeitsverhinderung,
Pflegeunterstützungsgeld 51
Pflegezeit 62
Familienpflegezeit 71
Zinsloses Darlehen 76
Beamtenrechtliche Vorschriften 81

Vereinbarkeit von Pflege und Beruf

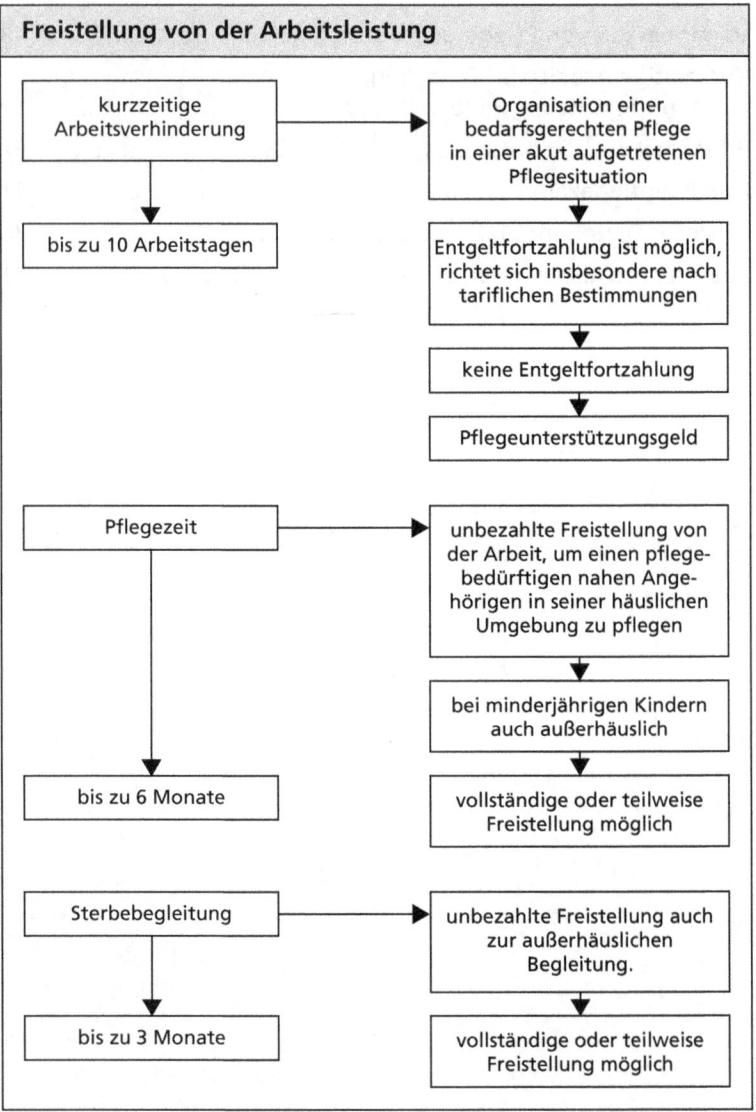

Vereinbarkeit von Pflege und Beruf

Mit den Reformen der Pflegeversicherung in den letzten Jahren wurde die ambulante Pflege, insbesondere auch die häusliche Pflege durch Angehörige, gestärkt. Der Gesetzgeber hat damit dem Wunsch vieler pflegebedürftiger Menschen entsprochen, durch vertraute Angehörige in gewohnter Umgebung gepflegt zu werden.

Ein Eckpfeiler dieser Reformen war dabei, die Rahmenbedingungen für die Vereinbarkeit von Beruf und familiärer Pflege zu verbessern.

Pflegezeitgesetz

Zum 01.07.2008 trat das Pflegezeitgesetz (PflegeZG) in Kraft, welches als Artikel 2 des Pflege-Weiterentwicklungsgesetzes geschaffen wurde. Zum 01.01.2015 wurde das Pflegezeitgesetz durch das Gesetz zur besseren Vereinbarkeit von Familie, Pflege und Beruf ausgebaut und zum 01.01.2016 durch das Pflegestärkungsgesetz II (PSG II) nochmals nachjustiert.

Mit dem Pflegezeitgesetz wurde eine Möglichkeit geschaffen, dass sich Arbeitnehmer aufgrund einer Pflegesituation für gewisse Zeiten von ihrer Arbeitsleistung freistellen lassen können. Es gibt dabei zwei Varianten, die im Folgenden noch vertiefender dargestellt werden:

- Kurzzeitige Arbeitsverhinderung mit einer Freistellungsmöglichkeit bis zu zehn Tagen
- Pflegezeit mit einer Freistellungsmöglichkeit bis zu sechs Monaten; bei der Pflegezeit gibt es noch zwei „Unterarten":
  - Sterbebegleitung mit einer Freistellungsmöglichkeit bis zu drei Monaten
  - Pflege eines minderjährigen Kindes (auch außerhäuslich)

Familienpflegezeitgesetz

Das Gesetz über die Familienpflegezeit (FPflZG) trat am 01.01.2012 in Kraft. Mit dem Gesetz zur besseren Vereinbarkeit von Familie, Pflege und Beruf wurde es zum 01.01.2015 ebenfalls ausgebaut und besser mit dem Pflegezeitgesetz verzahnt. Mit dem Familien-

Auszeit vom Beruf

pflegezeitgesetz kann die Arbeitszeit 24 Monate lang reduziert werden; es handelt sich um eine Art Zeitkontenmodell.

Pflegezeit und Familienpflegezeit können miteinander kombiniert werden bzw. aufbauend aufeinander genommen werden. Die Gesetze müssen also in der Zusammenschau gesehen werden.

Für die kurzzeitige Arbeitsverhinderung, die Pflegezeit und die Familienpflegezeit gelten die gleichen Begrifflichkeiten für „Beschäftigte" und „naher Angehöriger". Sie werden deshalb hier erklärt.

3 Gemeinsame Begrifflichkeiten

Beschäftigte

Das Familienpflegezeitgesetz gilt wie das Pflegezeitgesetz nur für Beschäftigte. Beschäftigte in diesem Sinne sind:

- Arbeitnehmer
- die zu ihrer Berufsbildung Beschäftigten (z. B. Auszubildende)
- Personen, die wegen ihrer wirtschaftlichen Unselbstständigkeit als arbeitnehmerähnliche Personen anzusehen sind (z. B. die in Heimarbeit Beschäftigten und die ihnen Gleichgestellten)

Zu den Arbeitnehmern in diesem Sinne zählen auch Teilzeitkräfte, geringfügig Beschäftigte und Aushilfen.

Wichtig: Das Pflegezeitgesetz und das Familienpflegezeitgesetz gelten nicht für Beamte und Soldaten. Für diese gibt es in den beamtenrechtlichen Vorschriften des Bundes bzw. der Bundesländer eigenständige Regelungen. Eine Zusammenfassung der gesetzlichen Grundlagen für diesen Personenkreis finden Sie am Ende dieses Kapitels (siehe S. 81).

Arbeitgeber

Arbeitgeber im Sinne des Pflegezeitgesetzes und des Familienpflegezeitgesetzes sind natürliche und juristische Personen sowie rechtsfähige Personengesellschaften, die vorstehend aufgezählte Personen beschäftigen. Für die arbeitnehmerähnlichen Personen, insbesondere für die in Heimarbeit Beschäftigten und die ihnen Gleichgestellten, tritt an die Stelle des Arbeitgebers der Auftraggeber oder Zwischenmeister.

Nahe Angehörige

Das Vorhandensein eines nahen Angehörigen ist wichtige Voraussetzung für Ansprüche nach dem Familienpflegezeitgesetz. Nahe Angehörige in diesem Sinne sind

- Großeltern, Eltern, Schwiegereltern, Stiefeltern,
- Ehegatten, Lebenspartner, Partner einer eheähnlichen oder lebenspartnerschaftsähnlichen Gemeinschaft,
- Geschwister und verschwägerte Personen, also Ehegatten der Geschwister und Geschwister der Ehegatten, Lebenspartner der Geschwister und Geschwister der Lebenspartner,
- Kinder, Adoptiv- oder Pflegekinder, die Kinder (auch Adoptiv- oder Pflegekinder) des Ehegatten oder Lebenspartners (also Stiefkinder), Schwiegerkinder und Enkelkinder.

Kurzzeitige Arbeitsverhinderung, Pflegeunterstützungsgeld

Berufstätige Familienmitglieder müssen zeitnah und zügig reagieren können, wenn nach Akutereignissen ein Pflegebedarf plötzlich auftritt. Aus diesem Grund hat der Gesetzgeber die Freistellungsmöglichkeit „Kurzzeitige Arbeitsverhinderung" in § 2 Abs. 1 PflegeZG geschaffen.

Danach haben Beschäftigte das Recht bis zu zehn Arbeitstagen von ihrer Arbeit fernzubleiben, wenn sie

- für einen pflegebedürftigen nahen Angehörigen
- in einer akuten Pflegesituation

die bedarfsgerechte Pflege organisieren oder die pflegerische Versorgung übernehmen.

Wichtig: Das Recht, der Arbeit bis zu zehn Tagen fernzubleiben, kann nur pro Pflegefall – also pro Pflegebedürftigen – ausgeübt

Auszeit vom Beruf

werden. Die zehn Tage müssen dabei nicht vollständig genommen werden.

Eine gesetzliche Vorgabe zur Mindestgröße der Firma, in welcher der Beschäftigte arbeitet, gibt es nicht. Das bedeutet, jeder Beschäftigte kann bei Vorliegen der genannten Voraussetzungen für bis zu zehn Arbeitstage seiner Arbeit fernbleiben; dies gilt auch in Kleinbetrieben.

Da die kurzzeitige Arbeitsverhinderung durch Akutereignisse verursacht wird und nicht in jedem Fall bereits eine Begutachtung durch den MDK vorliegt, hat der Beschäftigte dem Arbeitgeber auf Verlangen eine ärztliche Bescheinigung vorzulegen.

Aus der Bescheinigung muss sich ergeben:

- die voraussichtliche Pflegebedürftigkeit des nahen Angehörigen
- die Erforderlichkeit der oben aufgeführten pflegerischen Maßnahmen

Der Angehörige muss also pflegebedürftig bzw. „voraussichtlich" pflegebedürftig im Sinne der §§ 14, 15 SGB XI sein (§ 7 Abs. 4 SGB XI). Die Formulierung „voraussichtliche" Pflegebedürftigkeit in § 7 Abs. 4 SGB XI befreit den Angehörigen von dem Risiko eines unerlaubten, vertragswidrigen Fernbleibens von der Arbeit, wenn sich im Nachhinein herausstellt, dass eine Pflegebedürftigkeit nicht vorliegt. Der Angehörige darf sich hier auf die Einschätzung des Arztes verlassen, wenn dieser das in der Bescheinigung bestätigt.

Das „erlaubte" Fernbleiben von der Arbeit setzt voraus, dass eine Pflegenotlage, also eine akut aufgetretene Pflegesituation vorliegt. Die eingetretene Pflegesituation darf also nicht vorhersehbar gewesen sein. Sie muss überraschend auftreten und nicht planbar gewesen sein. Dies kann bei einem plötzlichen Eintritt oder einer Verschlimmerung des Gesundheitszustandes, aber auch bei einem kurzfristigen Ausfall einer anderen Pflegeperson der Fall sein.

Der Beschäftigte muss dem Arbeitgeber die kurzzeitige Arbeitsverhinderung und deren voraussichtliche Dauer unverzüglich, also

Kurzzeitige Arbeitsverhinderung, Pflegeunterstützungsgeld

ohne schuldhaftes Zögern, mitteilen. Die Information an den Arbeitgeber muss erfolgen, sobald der Beschäftigte in der Lage ist, die Pflegesituation und die Dauer der Organisationsaufgaben bzw. den akuten Versorgungszeitraum einzuschätzen. Spätestens am ersten Tag des Fernbleibens muss aber (morgens!) die Mitteilung dem Arbeitgeber vorliegen.

Wichtig: Mitteilen bedeutet benachrichtigen. Die Freistellung bedarf also nicht der Zustimmung des Arbeitgebers!

Sinnvoll ist es, diese Mitteilung schriftlich zu fassen. Diese muss nicht lang sein und kann auch per Fax oder per E-Mail verschickt werden. Hier eine Musterformulierung:

Anzeige einer kurzzeitigen Arbeitsverhinderung

Sehr geehrte Damen und Herren,

hiermit setze ich Sie davon in Kenntnis, dass ich wegen einer akuten Pflegesituation kurzzeitig verhindert bin, meine Arbeitsleistung zu erbringen. Ich zeige hiermit eine kurzzeitige Arbeitsverhinderung nach § 2 Pflegezeitgesetz an.

Ich möchte die Pflege meines/r ... (Angabe des Familienverhältnisses, Name des Angehörigen) organisieren. Die akute Pflegesituation ist ab ... (Datum) gegeben und wird voraussichtlich bis zum ... (Datum) andauern.

Eine ärztliche Bescheinigung liegt bei.

(oder: Eine ärztliche Bescheinigung reiche ich auf Wunsch nach).

Mit freundlichen Grüßen

Zur Fortzahlung der Vergütung ist der Arbeitgeber nur verpflichtet, soweit sich eine solche Verpflichtung aus anderen gesetzlichen Vorschriften oder aufgrund Vereinbarung ergibt.

Hier ist beispielsweise § 616 BGB zu nennen. Danach ist das Arbeitsentgelt vom Arbeitgeber weiterzuzahlen, wenn der Arbeitnehmer für eine verhältnismäßig nicht erhebliche Zeit aus in seiner Person liegenden Gründen die Arbeitsleistung nicht ausüben kann.

Einzelheiten werden in vielen Fällen durch Tarifverträge geregelt.

Auszeit vom Beruf

> **Praxis-Tipp:**
> Informieren Sie sich bei Ihrem Arbeitgeber oder dem Betriebs- bzw. Personalrat oder eventuell bei Ihrer Gewerkschaft über bestehende Regelungen.

Pflegeunterstützungsgeld als Entgeltersatzleistung bei kurzzeitiger Arbeitsverhinderung

Wegen eines Anspruchs auf Zahlung von Pflegeunterstützungsgeld verweist § 2 Abs. 3 PflegeZG auf § 44a Abs. 3 SGB XI. Hier wird bestimmt, dass Beschäftigte bei einer kurzzeitigen Arbeitsverhinderung nach § 2 PflegeZG Anspruch auf einen Ausgleich für entgangenes Arbeitsentgelt haben. Dieser Anspruch wird als Pflegeunterstützungsgeld bezeichnet. Er besteht ebenfalls für bis zu zehn Arbeitstage.

Voraussetzung für die Leistungsgewährung ist, dass der betroffene Arbeitnehmer für den jeweiligen Zeitraum keinen Anspruch auf

- Entgeltfortzahlung des Arbeitgebers und
- Kranken- oder Verletztengeld bei Erkrankung oder Unfall eines Kindes aus der Kranken- oder Unfallversicherung hat.

Auch geringfügig Beschäftigte (sog. Mini-Jobber) können ein Pflegeunterstützungsgeld erhalten, wenn ihnen während der Arbeitsverhinderung kein Arbeitsentgelt gezahlt wird.

Das Pflegeunterstützungsgeld wird nicht aus der Versicherung des Beschäftigten, sondern aus der Pflegeversicherung des Pflegebedürftigen gezahlt. Ein elektronischer Datenaustausch besteht daher in der Regel zwischen dem Arbeitgeber und der zuständigen Pflegekasse nicht. Von daher ist das Verfahren als reines Antragsverfahren ausgestattet. Die Informationen müssen vom Leistungsbezieher selbst gegenüber der zuständigen Pflegekasse oder dem privaten Pflegeversicherungsunternehmen im Rahmen der Antragstellung übermittelt werden.

Das Pflegeunterstützungsgeld wird damit zwingend nur auf Antrag gewährt. Der Antrag ist unverzüglich bei der Pflegekasse oder dem privaten Versicherungsunternehmen des Pflegebedürf-

Kurzzeitige Arbeitsverhinderung, Pflegeunterstützungsgeld

tigen zu stellen. Dadurch soll sichergestellt werden, dass in Fällen, in denen der Arbeitgeber auf eine entsprechende ärztliche Bescheinigung verzichtet hat, die Pflegekasse des Pflegebedürftigen zeitnah ein ärztliches Attest verlangen kann. Der Pflegekasse ist das ärztliche Attest im Original oder, wenn dieses dem Arbeitgeber vorgelegt wurde, in Kopie vorzulegen. Es ist also nur der Antrag unverzüglich zu stellen, erforderliche Angaben und Unterlagen, wie z. B. das Attest des behandelnden Arztes oder die Gehaltsbescheinigung des Arbeitnehmers, können nachgereicht werden.

Höhe des Pflegeunterstützungsgeldes

Bezüglich der Höhe des Pflegeunterstützungsgeldes wird auf § 45 Abs. 2 Satz 3 bis 5 SGB V verwiesen. Diese Vorschrift ist im Rahmen der Neuregelungen in den Pflegezeitgesetzen geschaffen worden und gilt seit 01.01.2015. Die Berechnung des Pflegeunterstützungsgeldes orientiert sich dabei an den Regeln für das sogenannte Kinder-Krankengeld.

Dieses entspricht 90 Prozent des Nettoentgelts, sofern das gesamte Bruttoeinkommen beitragspflichtig zur Kranken- und Pflegeversicherung ist. Beitragspflichtig sind im Jahr 2016 bis maximal 4.237,50 Euro monatlich, ab 2017 4.350 Euro. Hat der Angehörige ein höheres Bruttoeinkommen, darf das Pflegeunterstützungsgeld maximal 70 Prozent der für die Beitragspflicht maßgebenden Einkommensgrenze erreichen (im Jahr 2016: 70 % von 4.237,50 Euro = 2.966,25 Euro; im Jahr 2017: 70 % von 4.350 Euro = 3.045 Euro).

Erfolgt die Berechnung aus dem Arbeitseinkommen selbständiger Personen, beträgt es 70 Prozent des erzielten regelmäßigen Arbeitseinkommens, soweit es der Beitragsberechnung unterliegt. Der oben angegebene Höchstbetrag gilt demnach auch hier.

Die Berechnung der Höhe des Pflegeunterstützungsgeldes erfolgt bei pflegenden Angehörigen, die privat krankenversichert sind, entsprechend. Wie das Krankengeld ist das Pflegeunterstützungsgeld für Kalendertage auszuzahlen.

Auszeit vom Beruf

Mehrere Antragsteller

Machen mehrere Arbeitnehmer den Anspruch auf kurzzeitige Arbeitsfreistellung für einen pflegebedürftigen nahen Angehörigen geltend, wird das Pflegeunterstützungsgeld aufgeteilt.

> **Beispiel:**
> Bleibt Sohn A 6 Arbeitstage der Arbeit fern und Tochter B im Anschluss für 8 Arbeitstage, erhält Sohn A für 5 Tage das Pflegeunterstützungsgeld und Tochter B ebenfalls für 5 Tage. Sohn A geht also für 1 Arbeitstag, Tochter B für 3 Arbeitstage leer aus.

Sonderregelung in der Landwirtschaft

§ 44a Abs. 6 SGB XI beschäftigt sich mit selbständigen landwirtschaftlichen Unternehmen, die im Rahmen des Zweiten Gesetzes über die Krankenversicherung der Landwirte (KVLG 1989) versichert sind. Sind sie an der Führung des Unternehmens gehindert, weil sie für einen pflegebedürftigen nahen Angehörigen in einer akut aufgetretenen Pflegesituation eine bedarfsgerechte Pflege organisieren, so haben sie anstelle eines Anspruchs auf Pflegeunterstützungsgeld einen solchen auf Betriebshilfe im Sinne des § 9 KVLG 1989. Das gilt im Übrigen auch dann, wenn sie eine pflegerische Versorgung sicherstellen müssen.

Die Betriebshilfe wird in diesen Fällen für bis zu 10 Arbeitstage gewährt.

Die Kosten der Leistungen für die Betriebshilfe werden der landwirtschaftlichen Pflegekasse von der Pflegeversicherung des pflegebedürftigen nahen Angehörigen erstattet. Innerhalb der sozialen Pflegeversicherung wird allerdings von einer Erstattung abgesehen. Das bedeutet, dass eine solche Erstattung vorzunehmen ist, wenn ein privates Pflegeversicherungsunternehmen involviert ist. Ist der landwirtschaftliche Unternehmer privat pflegeversichert, erhält er von dem Versicherungsunternehmen des Pflegebedürftigen nicht die tatsächlichen Kosten der Betriebshilfe, sondern einen pauschalen Betrag in Höhe von 200 Euro je Tag Betriebshilfe.

Zuschüsse zur Krankenversicherung

Beschäftigte, die Pflegeunterstützungsgeld beziehen, erhalten für die Dauer des Leistungsbezuges auf Antrag Zuschüsse zur Krankenversicherung. Zuschüsse werden für eine Versicherung bei einem privaten Krankenversicherungsunternehmen, eine Versicherung bei der Postbeamtenkrankenkasse oder der Krankenversorgung der Bundesbahnbeamten gewährt.

Die Zuschüsse belaufen sich auf den Betrag, der bei Versicherungspflicht in der gesetzlichen Krankenversicherung als Leistungsträgeranteil nach § 249c SGB V aufzubringen wäre. Sie dürfen die tatsächlichen Beiträge nicht übersteigen.

§ 249c SGB V beschäftigt sich damit, wer die Beiträge zur Krankenversicherung bei Bezug von Pflegeunterstützungsgeld zu tragen hat. Für die Beitragsberechnung werden der allgemeine Beitragssatz der Krankenversicherung sowie der durchschnittliche Beitragssatz zugrunde gelegt.

Der allgemeine Beitragssatz beläuft sich auf 14,6 Prozent und der durchschnittliche Zusatzbeitragssatz beträgt zurzeit 1,1 Prozent. 2016 werden deshalb 15,7 Prozent berücksichtigt. Für 2017 ist mit einer Erhöhung des durchschnittlichen Zusatzbeitragssatzes zu rechnen. Dieser beläuft sich dann voraussichtlich auf 1,4 Prozent; der allgemeine Beitragssatz steigt dann auf 16 Prozent.

Bescheinigung für Leistungsbezieher

Der Bezieher von Pflegeunterstützungsgeld hat Anspruch auf eine Bescheinigung, die ihm mit der Leistungsbewilligung auszustellen ist. Diese Bescheinigung enthält folgende Informationen:

- Zeitraum des Bezugs
- Höhe des Pflegeunterstützungsgeldes

Die Bescheinigung wird von der Pflegekasse oder dem privaten Versicherungsunternehmen ausgestellt.

Der Leistungsbezieher hat diese Bescheinigung unverzüglich (das bedeutet: ohne schuldhaftes Zögern) seinem Arbeitgeber vorzulegen.

Auszeit vom Beruf

Beihilfeansprüche – Leistungen der Heilfürsorge

Mit dem Fall, dass ein Pflegebedürftiger Anspruch auf Beihilfe oder Heilfürsorge hat, beschäftigt sich § 44a Abs. 7 SGB XI. Sowohl die Pflegekasse als auch das private Versicherungsunternehmen, die das Pflegeunterstützungsgeld zahlen, haben die Pflicht, vom Pflegebedürftigen die zuständige Festsetzungsstelle für die Beihilfe beziehungsweise die Heilfürsorge (Dienstherr) zu erfragen.

Der betreffenden Stelle sind dann folgende Angaben zum Leistungsbezieher mitzuteilen:

- die Versicherungsnummer (soweit bekannt)
- der Familien- und der Vorname
- das Geburtsdatum
- die Staatsangehörigkeit
- die Anschrift
- der Beginn des Bezugs von Pflegeunterstützungsgeld
- die Höhe des dem Pflegeunterstützungsgeld zugrunde liegenden angefallenen Arbeitsentgelts
- Name und Anschrift der Krankenkasse oder des privaten Versicherungsunternehmens

Auswirkungen der Gewährung von Pflegeunterstützungsgeld auf die Versicherungs- und Beitragspflicht zur Sozialversicherung

Der Bezug von Pflegeunterstützungsgeld führt zur Versicherungspflicht beziehungsweise zur Erhaltung der Mitgliedschaft in allen Sozialversicherungszweigen des Gesamtsozialversicherungsbeitrages (Kranken- und Pflegeversicherung, Arbeitslosen- und Rentenversicherung).

In der Kranken- und damit auch in der Pflegeversicherung wird die Mitgliedschaft Versicherungspflichtiger während des Bezuges von Pflegeunterstützungsgeld erhalten (§ 192 SGB V). Wie bereits erwähnt, bleibt hier auch in der Pflegeversicherung die Mitgliedschaft erhalten (§ 49 SGB XI).

Kurzzeitige Arbeitsverhinderung, Pflegeunterstützungsgeld

In der Arbeitslosenversicherung tritt Versicherungspflicht nach § 26 Abs. 2 Nr. 2b SGB III ein. Nach der genannten Vorschrift sind Personen in der Zeit versicherungspflichtig, für die sie von einer Pflegekasse, einem privaten Versicherungsunternehmen, der Festsetzungsstelle für die Beihilfe oder dem Dienstherrn Pflegeunterstützungsgeld beziehen. Voraussetzung ist, dass sie unmittelbar vor Leistungsbeginn versicherungspflichtig waren, eine laufende Entgeltersatzleistung nach dem SGB III bezogen oder eine als Arbeitsbeschaffungsmaßnahme geförderte Beschäftigung ausgeübt haben.

In der gesetzlichen Rentenversicherung ist § 3 Satz 1 Nr. 3 SGB VI maßgebend. Diese Vorschrift bestimmt, dass Personen in der Zeit versicherungspflichtig sind, für die sie von einem Leistungsträger Krankengeld, Verletztengeld, Versorgungskrankengeld, Übergangsgeld, Arbeitslosengeld oder Pflegeunterstützungsgeld beziehen. Voraussetzung ist, dass sie im letzten Jahr vor Beginn der Leistung zuletzt versicherungspflichtig waren. Der Zeitraum von einem Jahr verlängert sich um Anrechnungszeiten wegen des Bezugs von Arbeitslosengeld II.

Für die Beitragsberechnung in der Krankenversicherung ist § 232b SGB V zu beachten. Hiernach gelten 80 Prozent des während der Freistellung ausgefallenen, laufenden Arbeitsentgelts als beitragspflichtige Einnahmen. Dabei unterliegen auch Renten und vergleichbare Einnahmen (Versorgungsbezüge) der Beitragspflicht. Das gilt aber nur in dem Umfang, in dem zuletzt vor dem Bezug des Pflegeunterstützungsgeldes Beitragspflicht bestanden hat.

In § 166 SGB VI geht es um die beitragspflichtigen Einnahmen sonstiger Versicherter in der gesetzlichen Rentenversicherung. § 166 Abs. 1 Nr. 2 SGB VI behandelt Leistungsbezieher, wie etwa Bezieher von Krankengeld oder Arbeitslosengeld. In Zusammenhang mit den Beziehern von Kinderkrankengeld wurde in § 166 Abs. 1 Nr. 2 SGB VI Buchstabe d eingefügt. Hier wird bestimmt, dass bei Personen, die Kinderpflege-Krankengeld der Krankenversicherung nach § 45 Abs. 1 SGB V oder Kinderpflege-Verletztengeld nach § 45 Abs. 4 SGB VII (Unfallversicherung) in Verbindung mit § 45 Abs. 1 SGB V beziehen, 80 Prozent des während der Freistellung ausgefallenen, laufenden Arbeitsentgelts oder

Auszeit vom Beruf

des der Leistung zugrunde liegenden Arbeitseinkommens für die Leistungsberechnung zu berücksichtigen ist.

In der Regierungsbegründung zum Entwurf eines Gesetzes zur besseren Vereinbarkeit von Familie, Pflege und Beruf wird darauf hingewiesen, dass im Zuge der Neuregelung der Berechnung von Kinderkrankengeld und der Einführung von Pflegeunterstützungsgeld für die Beitragsbemessung auf das während der Freistellung ausgefallene, laufende Arbeitsentgelt abgestellt wird. Einmalzahlungen sind also nicht zu berücksichtigen.

Anders als beim Krankengeld bei Arbeitsunfähigkeit des Versicherten handelt es sich bei Kinderkrankengeld und Pflegeunterstützungsgeld um Entgeltersatzleistungen, die nur wenige Tage im Jahr beansprucht werden können. Die Anknüpfung an das laufende Arbeitsentgelt dient nach der in der Gesetzesbegründung vertretenen Auffassung insoweit der Vereinfachung und Entbürokratisierung.

§ 166 Abs. 1 Nr. 2f SGB VI sieht ausdrücklich vor, dass bei Personen, die Pflegeunterstützungsgeld beziehen, wie in Zusammenhang mit dem Kinderkrankengeld, 80 Prozent des während der Freistellung ausgefallenen Arbeitsentgelts zur Leistungsberechnung heranzuziehen sind. Auch in der Arbeitslosenversicherung werden als beitragspflichtige Einnahmen für Bezieher von Pflegeunterstützungsgeld 80 Prozent des während der Freistellung ausgefallenen, laufenden Arbeitsentgelts berücksichtigt.

§ 249c SGB V regelt, wer die Beiträge zur Krankenversicherung bei Bezug von Pflegeunterstützungsgeld zu tragen hat.

Dies geschieht

- bei Personen, die einen in der sozialen Pflegeversicherung versicherten Pflegebedürftigen pflegen, von den Versicherten und der Pflegekasse je zur Hälfte,

- bei Personen, die einen in der privaten Pflegeversicherung versicherungspflichtigen Pflegebedürftigen pflegen, von den Versicherten und dem privaten Versicherungsunternehmen je zur Hälfte,

- bei Personen, die einen Pflegebedürftigen pflegen, der wegen Pflegebedürftigkeit Beihilfeleistungen oder Leistungen der Heilfürsorge und Leistungen einer Pflegekasse oder eines privaten Versicherungsunternehmens erhält, von den Versicherten zur Hälfte. Die andere Hälfte tragen die Festsetzungsstelle für die Beihilfe beziehungsweise der Dienstherr und die Pflegekasse oder das private Versicherungsunternehmen jeweils anteilig.

Die genannten Institutionen haben die Beiträge allein zu tragen, wenn das dem Pflegeunterstützungsgeld zugrunde liegende monatliche Arbeitsentgelt 450 Euro nicht übersteigt.

In der Rentenversicherung gelten die gleichen Regeln. Dort ist § 170 SGB VI maßgebend, soweit es um das Tragen der Beiträge geht. Allerdings werden hier die Beiträge von den Stellen, die die Leistung zu erbringen haben, allein getragen, wenn die Leistungsbezieher zur Berufsausbildung beschäftigt sind und das Arbeitsentgelt monatlich 450 Euro nicht übersteigt.

Bezüglich der Rentenversicherung ist noch zu erwähnen, dass sich der Beitragssatz dort auf 18,7 Prozent beläuft.

In der Arbeitslosenversicherung werden die Beiträge mit einem Beitragssatz von 3 Prozent aus 80 Prozent des Arbeitsentgeltes erhoben (§§ 341, 345 Nr. 6b SGB III). Die Beiträge werden von den gleichen Institutionen getragen, wie oben in Zusammenhang mit der gesetzlichen Krankenversicherung geschildert. Wie dort sind die Beiträge bei einem Arbeitsentgelt von monatlich bis 450 Euro von den Institutionen allein getragen.

Auf Seite 58 ist darauf hingewiesen worden, dass in der Pflegeversicherung wie auch in der Krankenversicherung die Mitgliedschaft während des Bezuges von Pflegeunterstützungsgeld erhalten bleibt. § 56 SGB XI bestimmt für die Pflegeversicherung in diesem Zusammenhang, dass Mitglieder für die Dauer des Bezuges von Pflegeunterstützungsgeld beitragsfrei sind. Die Beitragsfreiheit erstreckt sich nur auf das Pflegeunterstützungsgeld und nicht auf etwaige sonstige Einnahmen.

Auszeit vom Beruf

Pflegezeit

Ziel des Pflegezeitgesetzes ist es, Beschäftigten die Möglichkeit zu eröffnen, pflegebedürftige nahe Angehörige in häuslicher Umgebung zu pflegen und damit die Vereinbarkeit von Beruf und familiärer Pflege zu verbessern.

Das Pflegezeitgesetz gilt nur für Beschäftigte (zur Definition siehe vorne S. 50).

Wichtig: Von den Vorschriften des Pflegezeitgesetzes kann nicht zuungunsten der Beschäftigten abgewichen werden. Dies gilt insbesondere für Regelungen in:

- Tarifverträgen
- Betriebsvereinbarungen
- einzelvertraglichen Vereinbarungen

Besondere Fälle in der Pflegezeit

§ 3 Abs. 5 und 6 PflegeZG sieht seit 01.01.2015 zwei weitere Möglichkeiten von der Freistellung vor.

Betreuung eines minderjährigen Kindes: Beschäftigte sind von der Arbeitsleistung vollständig oder teilweise freizustellen, wenn sie einen minderjährigen pflegebedürftigen nahen Angehörigen betreuen. Diese Betreuung kann auch außerhäuslich durchgeführt werden. Beschäftigte können diesen Anspruch wahlweise statt des Anspruchs auf Pflegezeit geltend machen.

Sterbebegleitung: Außerdem sind Arbeitnehmer zur Begleitung eines nahen Angehörigen von der Arbeitsleistung vollständig oder teilweise freizustellen, wenn dieser an einer Erkrankung leidet, die fortschreitend verläuft. Sie muss bereits ein weit fortgeschrittenes Stadium erreicht haben, bei der eine Heilung ausgeschlossen und eine palliativmedizinische Behandlung notwendig ist. Der Kranke muss lediglich eine begrenzte Lebenserwartung von Wochen oder wenigen Monaten haben. Beschäftigte haben diese gegenüber dem Arbeitgeber durch ein ärztliches Zeugnis nachzuweisen.

Pflegezeit

Freistellungsanspruch

Beschäftigte sind von der Arbeitsleistung

- vollständig oder
- teilweise

freizustellen, wenn sie einen pflegebedürftigen nahen Angehörigen in häuslicher Umgebung über einen längeren Zeitraum pflegen (Pflegezeit). Der Anspruch ist auf eine Höchstdauer von sechs Monaten begrenzt.

Wichtig: Der Anspruch besteht nur gegenüber Arbeitgebern, die mehr als 25 Beschäftigte haben. Teilzeitbeschäftigte und Auszubildende werden dabei als sog. Kopfzahlen berücksichtigt.

Wie bereits bei der „kurzzeitigen Arbeitsverhinderung" erläutert, gibt es eine Nachweispflicht des Beschäftigten, die identisch ist zu derjenigen im Fall der kurzzeitigen Arbeitsverhinderung. Er hat nämlich die Pflegebedürftigkeit des nahen Angehörigen durch Vorlage einer Bescheinigung

- der Pflegekasse oder
- des MDK oder des beauftragten Gutachters

nachzuweisen.

Bei in der privaten Pflege-Pflichtversicherung versicherten Pflegebedürftigen ist ein entsprechender Nachweis zu erbringen.

Wurde die Inanspruchnahme von Pflegezeit nach dem Pflegezeitgesetz gegenüber dem Arbeitgeber angekündigt, hat die Pflegekasse eine Begutachtung durch den MDK oder einen anderweitig beauftragten Gutachter spätestens innerhalb von zwei Wochen nach Eingang des Antrags durchzuführen.

Der Gesetzgeber geht davon aus, dass diese Verfahrensweise auch bei Versicherten der privaten Pflege-Pflichtversicherung praktiziert wird.

Der Antragsteller ist durch den MDK oder den beauftragten Gutachter unverzüglich schriftlich darüber zu informieren, welche Empfehlung an die Pflegekasse weitergeleitet wird.

Auszeit vom Beruf

Rechtzeitige Ankündigung notwendig

In diesem Zusammenhang ist unbedingt zu beachten, dass derjenige, der Pflegezeit beanspruchen will, dies dem Arbeitgeber spätestens zehn Arbeitstage vor Beginn schriftlich ankündigen muss.

Gleichzeitig muss er erklären, für welchen Zeitraum die Freistellung von der Arbeitsleistung in Anspruch genommen werden soll.

Enthält die Ankündigung keine eindeutige Festlegung, ob der Beschäftigte Pflegezeit oder Familienpflegezeit in Anspruch nehmen will, und liegen die Voraussetzungen beider Freistellungsansprüche vor, gilt die Erklärung als Ankündigung von Pflegezeit (§ 3 Abs. 3 PflegeZG).

Wird nur teilweise Freistellung in Anspruch genommen, ist auch die gewünschte Verteilung der Arbeitszeit anzugeben. Der Arbeitnehmer bleibt hier also nicht während der gesamten Pflegezeit der Arbeit fern, sondern beispielsweise nur

- einige Stunden am Tag oder
- einige Tage in der Woche.

Es handelt sich hierbei in der Regel um Fälle, in denen sich der Arbeitnehmer und andere Angehörige in der Pflege des Pflegebedürftigen abwechseln.

In diesen Fällen haben Arbeitgeber und Beschäftigte über die Verringerung und Verteilung der Arbeitszeit eine schriftliche Vereinbarung zu treffen.

Wichtig: Der Arbeitgeber hat grundsätzlich den Wünschen der Beschäftigten zu entsprechen. Sollten dringende betriebliche Belange entgegenstehen, kann er dies jedoch verweigern. Die Regelung ist insoweit dem Bundeselterngeld- oder Elternzeitgesetz nachgebildet.

Die vorstehende Regelung soll einerseits den Arbeitgeber vor Überforderung schützen. Andererseits soll aber nicht jeder Ablehnungsgrund ausreichen. Es muss sich um gewichtige Gründe handeln, die Vorrang vor dem Interesse an der häuslichen Pflege verdienen.

Beansprucht der Beschäftigte nach der Pflegezeit Familienpflegezeit oder eine Freistellung nach § 2 Abs. 5 FPfZG zur Pflege oder Betreuung desselben pflegebedürftigen Angehörigen, muss sich die Familienpflegezeit bzw. die erwähnte Freistellung unmittelbar an die Pflegezeit anschließen.

In einem solchen Fall soll der Beschäftigte möglichst frühzeitig erklären, ob er Familienpflegezeit oder eine Freistellung nach § 2 Abs. 5 FPfZG in Anspruch nehmen will.

Wichtig: Die Ankündigung muss dann allerdings spätestens drei Monate vor Beginn der Familienpflegezeit erfolgen.

Wird Pflegezeit nach einer Familienpflegezeit oder einer Freistellung in Anspruch genommen, ist die Pflegezeit in unmittelbarem Anschluss an die Familienpflegezeit oder die Freistellung zu beanspruchen und dem Arbeitgeber spätestens acht Wochen vor Beginn der Pflegezeit schriftlich anzukündigen.

Mögliche Dauer der Pflegezeit

Die Pflegezeit beträgt für jeden pflegebedürftigen nahen Angehörigen längstens sechs Monate. Hierbei handelt es sich also um eine Höchstdauer.

Wird die Pflegezeit für eine kürzere Zeit in Anspruch genommen, zum Beispiel für drei Monate, kann diese bis zur Höchstdauer verlängert werden. Voraussetzung ist aber, dass der Arbeitgeber zustimmt.

Eine solche Verlängerung der Pflegezeit kann verlangt werden, wenn kein vorgesehener Wechsel in der Pflege erfolgen kann.

Beispiel:
Die Person, die die Pflege des pflegebedürftigen Angehörigen übernehmen sollte, ist selbst schwer erkrankt.

Das Gesetz schreibt ausdrücklich vor, dass eine Verlängerung nur möglich ist, wenn ein vorgesehener Wechsel in der Person des Pflegenden aus einem wichtigen Grund nicht erfolgen kann.

Auszeit vom Beruf

Wichtig: Die Pflegezeit wird nicht auf Berufsbildungszeiten angerechnet.

Grundsätzlich können Beschäftigte die Pflegezeit nicht einseitig beenden. Ist sie also einmal mit dem Arbeitgeber vereinbart, muss sie so auch durchgeführt werden. Allerdings sieht § 4 Abs. 2 PflegeZG Ausnahmen vor.

Ist nämlich der nahe Angehörige nicht mehr pflegebedürftig oder die häusliche Pflege des nahen Angehörigen

- unmöglich oder
- unzumutbar,

endet die Pflegezeit vier Wochen nach Eintritt der veränderten Umstände.

Dem Beschäftigten ist die Pflege beispielsweise unmöglich, wenn der nahe Angehörige vor Ablauf der Pflegezeit verstirbt oder in eine stationäre Pflegeeinrichtung aufgenommen werden muss.

Eine Unzumutbarkeit kann beispielsweise angenommen werden, wenn aufgrund unvorhergesehener persönlicher Umstände die Finanzierung der Pflegezeit nicht mehr gesichert und der Beschäftigte auf die regelmäßige Arbeitsvergütung angewiesen ist.

Der Beschäftigte hat den Arbeitgeber über die veränderten Umstände unverzüglich zu unterrichten. Der Arbeitgeber hat – so die Gesetzesbegründung – ein berechtigtes Interesse daran, frühzeitig zu erfahren, wenn der Beschäftigte vor Ablauf der angekündigten Pflegezeit an seinen Arbeitsplatz zurückkehren möchte.

Im Übrigen kann die Pflegezeit nur dann vorzeitig beendet werden, wenn der Arbeitgeber zustimmt. Hier ist natürlich zu beachten, dass der Arbeitgeber seine organisatorischen Dispositionen entsprechend der Ankündigung des Beschäftigten trifft und über eine ausreichende Planungssicherheit verfügen muss.

Befristete Vertretung möglich

In diesem Zusammenhang ist § 6 PflegeZG zu beachten. Hier wird festgestellt, dass ein sachlicher Grund für die Befristung eines Beschäftigungsverhältnisses vorliegt, wenn zur Vertretung eines

Pflegezeit

Beschäftigten für die Dauer einer kurzzeitigen Arbeitsverhinderung oder einer Freistellung ein Arbeitnehmer eingestellt wird.

Über die reine Dauer der Vertretung hinaus ist die Befristung für notwendige Zeiten einer Einarbeitung zulässig.

Die Dauer der Befristung muss kalendermäßig bestimmt oder bestimmbar oder den genannten Zwecken zu entnehmen sein. Damit soll gewährleistet werden, dass der Endzeitpunkt des befristeten Arbeitsverhältnisses für die Vertragsparteien von Anfang an klargestellt ist.

Der Arbeitgeber hat gegenüber der befristet eingestellten Ersatzkraft ein Sonderkündigungsrecht, wenn die Pflegezeit des Beschäftigten vorzeitig endet. Der Arbeitgeber kann der Ersatzkraft mit einer zweiwöchigen Kündigungsfrist kündigen. Mit dieser Regelung soll vermieden werden, dass der Arbeitgeber in den Ausnahmefällen, in denen der Beschäftigte ohne Zustimmung des Arbeitgebers früher als geplant an seinen Arbeitsplatz zurückkehren möchte, den rückkehrenden Beschäftigten und die Ersatzkraft gleichzeitig beschäftigen und entlohnen muss. Das Kündigungsschutzgesetz ist in solchen Fällen nicht anzuwenden.

Soziale Absicherung während der Pflegezeit

Arbeitslosenversicherung

In der Arbeitslosenversicherung (Arbeitsförderung) sind Personen in der Zeit, in der sie eine Pflegezeit in Anspruch nehmen und eine pflegebedürftige Person pflegen, versicherungspflichtig.

Voraussetzung ist, dass sie

- unmittelbar vor der Pflegezeit versicherungspflichtig waren oder

- eine als Arbeitsbeschaffungsmaßnahme geförderte Beschäftigung ausgeübt haben, die ein Versicherungspflichtverhältnis oder den Bezug einer laufenden Entgeltersatzleistung nach dem Sozialgesetzbuch – Drittes Buch (SGB III) unterbrochen hat (§ 26 Abs. 2b SGB III).

Die vorstehende Versicherungspflicht besteht nicht, wenn eine Versicherungspflicht nach anderen Vorschriften des SGB III vor-

Auszeit vom Beruf

handen ist. Das Gleiche gilt, wenn nach der Zeit der Pflege Anspruch auf Entgeltersatzleistungen nach dem SGB III besteht.

Trifft eine Versicherungspflicht während der Pflegezeit mit einer Versicherungspflicht wegen Kindererziehung zusammen, hat die Versicherungspflicht aufgrund der Kindererziehung Vorrang.

Sind die Voraussetzungen für die Versicherungspflicht während einer Pflegezeit nicht gegeben, besteht die Möglichkeit, ein Versicherungsverhältnis auf Antrag zu begründen (§ 28a Abs. 1 Satz 1 Nr. 1 SGB III). Dies können Personen beantragen, die als Pflegeperson einen Angehörigen pflegen. Voraussetzung ist, dass der Angehörige mindestens in Pflegegrad 2 eingestuft ist bzw. eingestuft wird.

Weitere Voraussetzung ist, dass der Pflegebedürftige Leistungen aus der sozialen Pflegeversicherung oder Hilfe zur Pflege aus der Sozialhilfe oder gleichartige Leistungen nach anderen Vorschriften bezieht. Die Pflege muss zu mindestens 14 Stunden wöchentlich stattfinden.

Voraussetzung für die Versicherungspflicht auf Antrag ist allerdings, dass

- innerhalb der letzten 24 Monate für den Antragsteller mindestens zwölf Monate ein Versicherungsverhältnis bestanden hat oder Entgeltersatzleistungen aus der Arbeitslosenversicherung bezogen oder eine Arbeitsbeschaffungsmaßnahme durchgeführt wurde,
- unmittelbar vor Beginn der Pflegezeit ein Versicherungspflichtverhältnis in der Arbeitslosenversicherung bestand und
- Versicherungspflicht anderweitig nicht gegeben ist.

Der Antrag auf die Versicherungspflicht muss innerhalb eines Monats nach Beendigung der Pflegezeit gestellt werden.

Bei einem Versicherungspflichtverhältnis auf Antrag hat der Versicherte (Pflegeperson) die Beiträge selbst zu zahlen.

Besteht Versicherungspflicht nach den obigen Ausführungen kraft Gesetzes, trägt die Pflegekasse die Beiträge. Für Personen, die in der privaten Pflegeversicherung versichert sind, ist das Versicherungsunternehmen zur Beitragszahlung verpflichtet. Werden

Pflegezeit

Beihilfeleistungen oder freie Heilfürsorge gewährt, trägt die leistende Stelle die Beiträge.

Die Vorschriften über die Versicherungspflicht in der Arbeitslosenversicherung bezwecken, den Anspruch auf Arbeitslosengeld während einer Pflegezeit aufrechtzuerhalten.

Krankenversicherung

In der gesetzlichen Krankenversicherung ist versicherungsfrei, wer mit seinem Arbeitsentgelt die Jahresarbeitsentgeltgrenze (JAE-Grenze) übersteigt. Verringert hier jemand wegen einer Pflegezeit oder einer Familienpflegezeit die regelmäßige Wochenarbeitszeit so, dass er die JAE-Grenze unterschreitet und damit wieder versicherungspflichtig werden würde, kann er sich von dieser Versicherungspflicht befreien lassen.

Rechtsgrundlage ist § 8 Abs. 1 Nr. 2a SGB V. Die Befreiung erstreckt sich aber nur auf die Dauer einer Freistellung oder der Familienpflegezeit. Der Antrag auf Befreiung von der Versicherungspflicht ist innerhalb von drei Monaten nach Beginn der Pflegezeit zu stellen.

Beitragszuschüsse während einer Pflegezeit

§ 44a SGB XI sieht zusätzliche Leistungen während einer Pflegezeit vor. Es geht dabei um Zuschüsse zur Krankenversicherung und Pflegeversicherung.

Diese Zuschüsse werden nur erbracht, wenn kein Anspruch aus der beitragsfreien Familienversicherung gegeben ist.

Insbesondere werden Zuschüsse für eine freiwillige Krankenversicherung gezahlt. Außerdem werden sie für eine Versicherung nach § 5 Abs. 1 Nr. 13 SGB V erbracht. Es geht dabei um sonst bisher Nichtversicherte.

Auch Versicherte bei einem privaten Pflegeversicherungsunternehmen erhalten Zuschüsse. Das Gleiche gilt für eine Versicherung bei der Postbeamtenkasse oder der Krankenversicherung der Bundesbahnbeamten.

Auszeit vom Beruf

Anspruch auf die Beitragszuschüsse haben nicht nur Personen, die vollständig von der Arbeitsleistung freigestellt wurden, sondern auch Personen mit einer geringfügig entlohnten Beschäftigung (450-Euro-Kraft).

Die Zuschüsse belaufen sich auf die Höhe der Mindestbeiträge, die von freiwillig in der gesetzlichen Krankenversicherung versicherten Personen zur gesetzlichen Krankenversicherung oder in der sozialen Pflegeversicherung zu entrichten sind. Sie dürfen die tatsächliche Höhe der Beiträge nicht übersteigen. Die Mindestbeiträge errechnen sich aus

- dem allgemeinen Beitragssatz der Krankenkasse zuzüglich
- dem Zusatzbeitrag der jeweiligen Krankenkasse und
- einem Mindestentgelt, das sich auf den 90. Teil der monatlichen Bezugsgröße beläuft (2016 somit 32,28 Euro pro Kalendertag und 968,40 Euro im Monat; 2017 sind 33,06 Euro bzw. 991,80 Euro maßgebend).

Wichtig: Änderungen in den Verhältnissen, die sich auf die Zuschussgewährung auswirken können, müssen die Beschäftigten unverzüglich der Pflegekasse oder dem privaten Versicherungsunternehmen mitteilen.

§ 44 Abs. 3 bis 7 SGB XI sieht die Gewährung von Pflegeunterstützungsgeld vor (beachten Sie dazu die Ausführungen in Kapitel 6).

Rentenversicherung

In der gesetzlichen Rentenversicherung besteht für Pflegepersonen unter bestimmten Voraussetzungen Versicherungsschutz (beachten Sie dazu die Ausführungen in Kapitel 5). Dies gilt auch während einer Pflegezeit.

Sonderkündigungsschutz

§ 5 Abs. 1 PflegeZG sieht vor, dass der Arbeitgeber das Arbeitsverhältnis von der Ankündigung bis zur Beendigung der kurzzeitigen Arbeitsverhinderung nach § 2 PflegeZG oder eine Pflegezeit nach § 3 PflegeZG nicht kündigen darf.

In besonderen Fällen kann ausnahmsweise eine Kündigung durch die für den Arbeitsschutz zuständige oberste Landesbehörde für zulässig erklärt werden (§ 5 Abs. 2 PflegeZG). Hier gelten die von der Rechtsprechung für den besonderen Kündigungsschutz von Schwangeren sowie Beschäftigten in Elternzeit aufgestellten Grundsätze entsprechend.

Die Erklärung der Zulässigkeit erfolgt durch die für den Arbeitsschutz zuständige Landesbehörde oder die von ihr bestimmte Stelle (z. B. Gewerbeaufsichtsamt).

Der Kündigungsschutz entfällt, wenn die Voraussetzungen für die Pflegezeit entfallen, etwa durch Ablauf der Dauer der Pflegezeit oder bei vorzeitiger Beendigung durch den Tod des Angehörigen.

Familienpflegezeit

Bei der Familienpflegezeit handelt es sich um die Verringerung der Arbeitszeit von Beschäftigten, die einen pflegebedürftigen nahen Angehörigen in häuslicher Umgebung pflegen.

Familienpflegezeit ist längstens für die Dauer von 24 Monaten möglich. Dabei hat der Arbeitnehmer Anspruch auf Förderung durch Gewährung eines Darlehens. Beachten Sie dazu bitte die Ausführungen im Anschluss.

Wichtig: Die verringerte Arbeitszeit muss wöchentlich mindestens 15 Stunden betragen. Bei unterschiedlichen wöchentlichen Arbeitszeiten oder einer unterschiedlichen Verteilung der wöchentlichen Arbeitszeit ist der Durchschnitt der wöchentlichen Arbeitszeit im Lauf eines Jahres maßgebend. In dieser Zeit dürfen durchschnittlich 15 Stunden nicht überschritten werden. Dabei handelt es sich nicht um ein Kalenderjahr. Beginnt beispielsweise die Familienpflegezeit am 01.07.2016, endet die Jahresfrist am 30.06.2017.

Beschäftigte und Arbeitgeber im Sinne des Familienpflegezeitgesetzes

Das Familienpflegezeitgesetz gilt wie das Pflegezeitgesetz nur für Beschäftigte (zur Definition siehe S. 50).

Auszeit vom Beruf

Geringfügig Beschäftigte (sog. Mini-Jobber oder kurzzeitig Beschäftigte) werden hier allerdings in der Regel nicht angesprochen. Dies resultiert bei geringfügig entlohnten Beschäftigten aus der wöchentlichen Mindestarbeitszeit während der Familienpflegezeit von 15 Stunden. Theoretisch wäre eine Familienpflegezeit bei geringfügig kurzzeitig Beschäftigten (zwei Monate oder 50 Arbeitstage) möglich, wird aber in der Praxis kaum vorkommen.

Der Anspruch auf Freistellung besteht nicht gegenüber Arbeitgebern mit in der Regel 15 oder weniger Beschäftigten.

3 Rechtsanspruch auf Familienpflegezeit

Seit 01.01.2015 sieht das Familienpflegezeitgesetz einen Rechtsanspruch des Arbeitnehmers auf Familienpflegezeit vor.

§ 2 Abs. 1 FPfZG bestimmt diesbezüglich, dass Beschäftigte von der Arbeitsleistung für längstens 24 Monate (Höchstdauer) teilweise freizustellen sind, wenn sie einen pflegebedürftigen nahen Angehörigen in häuslicher Umgebung pflegen. Das Gesetz spricht hier von der Familienpflegezeit.

Dieser Anspruch auf Familienpflegezeit ist unabdingbar (§ 2 Abs. 3 FPfZG), darf also nicht vertraglich oder tariflich ausgeschlossen werden.

Die Familienpflegezeit wird nicht auf Berufsbildungszeiten angerechnet (§ 2 Abs. 4 FPfZG).

§ 2 Abs. 5 FPfZG ermöglicht eine Freistellung für die Betreuung pflegebedürftiger Kinder. Die Betreuung kann bis zum vollendeten 18. Lebensjahr auch außerhalb der häuslichen Umgebung erfolgen. Der Anspruch kann wahlweise zur Familienpflegezeit geltend gemacht werden.

Hierunter fallen etwa Konstellationen wie die Begleitung eines Kindes während eines sehr langen Krankenhausaufenthalts oder in einer außerhäuslichen Einrichtung. Das Kind muss jedoch bereits pflegebedürftig im Sinne des SGB XI sein. Eltern wird es so ermöglicht, ihre minderjährigen Kinder insbesondere in zeitaufwändigen und Nähe bedürfenden Lebens- oder Behandlungsphasen eng zu betreuen.

Familienpflegezeit

Inanspruchnahme der Familienpflegezeit durch Ankündigung

Wer Familienpflegezeit beanspruchen will, muss diese dem Arbeitgeber spätestens acht Wochen vor dem gewünschten Beginn schriftlich ankündigen. Gleichzeitig muss er erklären, für welchen Zeitraum und in welchem Umfang der Gesamtdauer von 24 Monaten die Freistellung von der Arbeitsleistung in Anspruch genommen werden soll. Dabei ist auch die gewünschte Verteilung der Arbeitszeit anzugeben.

In Fällen, in denen für weniger als sechs Monate eine pflegebedingte teilweise Freistellung von der Arbeitsleistung mit einer verbleibenden Arbeitszeit von 15 oder mehr Wochenstunden beansprucht und in denen der Anspruch mindestens acht Wochen vorher angekündigt wird, kann das Freistellungsverlangen sowohl auf das Pflegezeitgesetz als auch auf das Familienpflegezeitgesetz gesetzt werden, da die Anspruchsvoraussetzungen beider Gesetze erfüllt sind.

Enthält die Ankündigung keine eindeutige Feststellung, ob eine Pflege- oder eine Familienpflegezeit in Anspruch genommen werden soll und sind die Voraussetzungen für beide Ansprüche gegeben, gilt die Erklärung als Ankündigung von Pflegezeit.

Wie im Pflegezeitgesetz wird auch im Familienpflegezeitgesetz (§ 2a Abs. 2) vorgeschrieben, dass Arbeitgeber und Beschäftigte über die Verringerung und die Verteilung der Arbeitszeit eine schriftliche Vereinbarung zu treffen haben. Hierbei hat der Arbeitgeber den Wünschen der Beschäftigten zu entsprechen. Lediglich dringende betriebliche Gründe können dem entgegenstehen.

Eine Verlängerung der Familienpflegezeit ist möglich (§ 2a Abs. 3 FPfZG), wobei weiterhin eine Zustimmung des Arbeitgebers erforderlich ist. Der Arbeitnehmer kann eine Verlängerung bis zur Gesamtdauer verlangen, wenn ein vorgesehener Wechsel in der Person der oder des Pflegenden aus einem wichtigen Grund nicht erfolgen kann.

Die Beschäftigten haben die Pflegebedürftigkeit des nahen Angehörigen durch Vorlage einer Bescheinigung der Pflegekasse oder des MDK nachzuweisen (§ 2a Abs. 4 FPfZG). Bei in der pri-

Auszeit vom Beruf

vaten Pflege-Pflichtversicherung versicherten Pflegebedürftigen ist ein entsprechender Nachweis zu erbringen.

Ist der nahe Angehörige nicht mehr pflegebedürftig oder die häusliche Pflege des nahen Angehörigen unmöglich oder unzumutbar, endet die Familienpflegezeit vier Wochen nach Eintritt der veränderten Umstände. Hierüber ist der Arbeitgeber unverzüglich zu unterrichten. Im Übrigen kann die Familienpflegezeit nur dann vorzeitig beendet werden, wenn der Arbeitgeber zustimmt.

3 Erst Pflegezeit, dann Familienpflegezeit

Wird zunächst Pflegezeit in Anspruch genommen, verbleibt dem Beschäftigten die Möglichkeit, hieran den Anspruch auf Familienpflegezeit anzuschließen, die zusammen mit der bereits genommenen Pflegezeit eine Gesamtdauer von insgesamt 24 Monaten nicht überschreiten darf. Beschäftigte hingegen, die ihren Anspruch auf Familienpflegezeit bereits mit einer kurzen Freistellungsphase ausschöpfen, haben im Anschluss daran nur noch den auf sechs Monate begrenzten Anspruch auf Pflegezeit. Nach der in der Begründung zum Gesetzentwurf vertretenen Auffassung wird hier auch den betrieblichen Interessen der Arbeitgeber Rechnung getragen.

Beschäftigte, die zuerst Pflegezeit oder eine Freistellung gemäß § 3 Abs. 5 PflegeZG (beachten Sie dazu die Ausführungen in Kapitel 4) in Anspruch nehmen, können eine Freistellung im Rahmen einer Familienpflegezeit nur in unmittelbaren Anschluss an die Pflegezeit in Anspruch nehmen. Eine zeitliche Unterbrechung zwischen Pflege- und Familienpflegezeit ist nicht zulässig.

Nehmen Beschäftigte zuerst Pflegezeit oder Freistellung nach § 3 Abs. 5 FPfZG in Anspruch und beanspruchen anschließend eine weitere Freistellung im Rahmen einer Familienpflegezeit oder eine Feststellung nach § 2 Abs. 5 FPfZG, ist dies dem Arbeitgeber innerhalb von drei Monaten anzukündigen.

Wird eine Freistellung nach dem Familienpflegezeitgesetz in Anspruch genommen, ist sie in unmittelbarem Anschluss an die Pflegezeit zu beanspruchen. Dem Arbeitgeber ist sie spätestens

Familienpflegezeit

acht Wochen vor Beginn der Freistellung nach § 3 Abs. 1 oder Abs. 5 PflZG schriftlich anzukündigen.

Arbeitsrechtliche Regelungen

Das Familienpflegezeitgesetz sieht auch einen Kündigungsschutz für den Arbeitnehmer vor, der sich in der Familienpflegezeit befindet (Sonderkündigungsschutz). Sowohl während der Inanspruchnahme der Familienpflegezeit als auch in der Nachpflegezeit darf der Arbeitgeber grundsätzlich nicht kündigen (§ 9 Abs. 3 Satz 1 FPfZG).

In besonderen Fällen kann ausnahmsweise eine Kündigung durch die für den Arbeitsschutz zuständige oberste Landesbehörde für zulässig erklärt werden (§ 9 Abs. 3 Satz 2 FPfZG). Hier gelten die von der Rechtsprechung für den besonderen Kündigungsschutz von Schwangeren sowie Beschäftigten in Elternzeit aufgestellten Grundsätze entsprechend. Als Beispiel sei der Fall genannt, dass die Fortsetzung des Beschäftigungsverhältnisses wegen Diebstahl dem Arbeitgeber nicht mehr zumutbar ist.

Die Erklärung der Zulässigkeit erfolgt durch die für den Arbeitsschutz zuständige Landesbehörde oder die von ihr bestimmte Stelle (z. B. Gewerbeaufsichtsamt).

Das Familienpflegezeitgesetz gibt dem Arbeitgeber – durch Verweis auf § 6 PflegeZG – die Möglichkeit, während der Familienpflegezeit seines Arbeitnehmers einen Vertreter einzustellen. In diesem Fall liegt ein sachlicher Grund für die Befristung vor.

Über die reine Dauer der Vertretung hinaus ist die Befristung für notwendige Zeiten einer Einarbeitung zulässig.

Wichtig: Die Dauer der Befristung muss kalendermäßig bestimmt oder bestimmbar oder den genannten Zwecken zu entnehmen sein. Damit soll gewährleistet werden, dass der Endzeitpunkt des befristeten Arbeitsverhältnisses für die Vertragspartner von Anfang an klargestellt ist.

Der Arbeitgeber hat gegenüber der befristet eingestellten Ersatzkraft ein Sonderkündigungsrecht, wenn die Pflegezeit des Beschäftigten vorzeitig endet. Er kann der Ersatzkraft mit einer zweiwöchigen Kündigungsfrist kündigen.

Auszeit vom Beruf

Zinsloses Darlehen

Bei Pflegezeit und Familienpflegezeit ist die Inanspruchnahme eines zinslosen Darlehens möglich, um die finanziellen Einbußen zu kompensieren.

Förderung der pflegebedingten Freistellung

§ 3 FPfZG sieht die Gewährung eines zinslosen Darlehens an den Beschäftigten bei Durchführung einer Familienpflegezeit durch das Bundesamt für Familie und zivilgesellschaftliche Aufgaben vor. Das Darlehen wird in monatlichen Raten gezahlt. Die Freistellungen nach dem Pflegezeitgesetz (Pflegezeit nach § 3 Abs. 1, Betreuung eines minderjährigen pflegebedürftigen nahen Angehörigen nach § 3 Abs. 5 und Begleitung nach § 3 Abs. 6 FPfZG) werden ebenfalls in die Förderung einbezogen. Dies dient – so die Regierungsbegründung zum Gesetzentwurf – der besseren Absicherung des Lebensunterhalts während der Freistellungsphase, in der die Beschäftigten kein oder ein geringeres Arbeitsentgelt erhalten.

Allerdings können Beschäftigte und Arbeitgeber eine Aufstockung des Arbeitsentgelts über Wertguthaben vereinbaren.

Die Förderfähigkeit endet mit dem Ende der Freistellung (§ 5 FPfZG), aber auch, wenn der Beschäftigte während der Freistellung den Mindestumfang der wöchentlichen Arbeitszeit aufgrund gesetzlicher oder kollektiv-vertraglicher (Tarifverträge) Bestimmungen unterschreitet. Die Unterschreitung der Mindestarbeitszeit aufgrund von Kurzarbeit oder eines Beschäftigungsverbots (z. B. nach dem Mutterschutzgesetz) lässt die Förderfähigkeit unberührt.

Höhe des Darlehens

Die monatlichen Darlehensraten werden in Höhe der Hälfte der Differenz zwischen den pauschalierten monatlichen Nettoentgelten vor und während der Freistellung gewährt (§ 3 Abs. 2 FPfZG).

Bis zum 31.12.2014 war eine Aufstockung des Bruttoarbeitsentgelts vorgesehen. Durch die dann erfolgte gesetzgeberische Umstellung der Aufstockung auf nettolohnbezogene Bundes-

Zinsloses Darlehen

darlehen an die Beschäftigten wurden wegen der progressiven Wirkung des Steuertarifs drei Berechnungsschritte notwendig:

- Im ersten Schritt wird das pauschalierte Nettoentgelt im Durchschnitt der letzten zwölf Monate vor Freistellungsbeginn ermittelt. Hierzu wird aus Vereinfachungsgründen das dem durchschnittlichen regelmäßigen Bruttomonatsarbeitsentgelt der letzten zwölf Monate entsprechende pauschalierte Nettoentgelt ermittelt, dem die Tabellenwerte der für das jeweilige Kalenderjahr geltenden Verordnung über die pauschalierten Nettoentgelte für das Kurzarbeitergeld zugrunde gelegt wird. Da die Tabelle das Bruttoarbeitsentgelt in Schritten von jeweils 20 Euro abbildet, werden die Bruttoarbeitsentgelte entsprechend der Rundungsregelung in § 106 Abs. 1 Satz 3 SGB III auf den nächsten durch 20 teilbaren Euro-Betrag aufgerundet.

- Im zweiten Schritt wird das zu erwartende pauschalierte monatliche Nettoentgelt während der Freistellung berechnet. Hierzu wird die für diese Zeit vereinbarte Zahl an durchschnittlichen monatlichen Arbeitsstunden mit dem durchschnittlichen Bruttoarbeitsentgelt pro Stunde der letzten zwölf Monate multipliziert. Ist eine Wochenstundenzahl vereinbart, wird diese zur Ermittlung der vereinbarten monatlichen Arbeitsstunden mit $^{51}/_{12} = {}^{13}/_3$ multipliziert. Dem so ermittelten Bruttomonatsarbeitsentgelt während der Freistellungsphase wird das zutreffende pauschalierte Nettoentgelt gemäß der Tabelle zur Verordnung über die pauschalierten Nettoarbeitsentgelte für das Kurzarbeitergeld zugeordnet.

- Im dritten Schritt schließlich wird zur Ermittlung der monatlichen Darlehensrate die Differenz zwischen den beiden pauschalierten Nettoentgelten gebildet und durch zwei geteilt.

In der Gesetzesbegründung wird darauf hingewiesen, dass die Tabelle zur Verordnung über die pauschalierten Nettoentgelte für das Kurzarbeitergeld Bruttoarbeitsentgelte nur bis zur Beitragsbemessungsgrenze erfasst. Oberhalb dieser Grenze steigt das pauschalierte Nettoentgelt nicht mehr. Das hat zur Folge, dass oberhalb der Beitragsbemessungsgrenze mit steigendem Bruttoarbeitsentgelt die Differenz zwischen den pauschalierten Nettoentgelten vor und während der Freistellung sinkt. Damit markiert

Auszeit vom Beruf

die Beitragsbemessungsgrenze gleichzeitig eine Obergrenze für die monatlichen Darlehensraten.

In den Fällen der Freistellung nach § 3 FPfZG ist die monatliche Darlehensrate auf den Betrag begrenzt, der bei einer durchschnittlichen Arbeitszeit während der Familienpflegezeit von 15 Wochenstunden zu gewähren ist (§ 3 Abs. 4 FPfZG). Nach der in der Gesetzesbegründung vertretenen Auffassung dient dies auch dem Schutz der Beschäftigten vor einer zu hohen finanziellen Belastung in der Rückzahlungsphase.

§ 3 Abs. 5 FPfZG flexibilisiert den monatlichen Darlehensbetrag. Es können auch niedrigere Darlehensraten gewährt werden, die Mindestdarlehensrate beträgt 50 Euro.

Das Darlehen ist vorrangig vor dem Bezug von bedürftigkeitsabhängigen Sozialleistungen (Sozialhilfe, Leistungen nach dem SGB II, insbesondere Arbeitslosengeld II) in Anspruch zu nehmen und von den Beschäftigten zu beantragen. Bei der Berechnung von Sozialleistungen sind die Zuflüsse aus dem Darlehen als Einkommen zu berücksichtigen.

Rückzahlung oder Stundung des Darlehens

§ 6 FPfZG verpflichtet den Arbeitnehmer (Darlehensnehmer), im Anschluss an die Freistellung das Darlehen innerhalb von 48 Monaten nach Beginn der Freistellung zurückzuzahlen. Hierbei soll die Rückzahlung in möglichst gleichbleibenden monatlichen Raten erfolgen. Für die Rückzahlung gelten alle an den Darlehensnehmer geleisteten Darlehensbeträge als ein Darlehen.

Die Rückzahlung beginnt in dem Monat, der auf das Ende der Förderung der Freistellung folgt. Das Bundesamt für Familie und zivilgesellschaftliche Aufgaben kann auf Antrag des Darlehensnehmers den Beginn der Rückzahlung auf einen späteren Zeitpunkt, spätestens jedoch auf den 25. Monat nach Beginn der Förderung festsetzen, wenn die übrigen Voraussetzungen für den Anspruch weiterhin vorliegen.

Befindet sich der Darlehensnehmer während des Rückzahlungszeitraums in einer Freistellung nach § 3 Abs. 1 FPfZG, setzt das Bundesamt für Familie und zivilgesellschaftliche Aufgaben auf

Zinsloses Darlehen

Antrag des Beschäftigten die monatlichen Rückzahlungsraten bis zur Beendigung der Freistellung von der Arbeitsleistung aus.

Der Rückzahlungszeitraum verlängert sich um den Zeitraum der Aussetzung.

§ 7 FPfZG beschäftigt sich mit einer Härteregelung. Danach stundet das Bundesamt für Familie und zivilgesellschaftliche Aufgaben zur Vermeidung einer besonderen Härte auf Antrag die Rückzahlung des Darlehens, ohne dass dafür Zinsen anfallen.

Als besondere Härte gelten insbesondere:

- der Bezug von Entgeltersatzleistungen nach dem SGB III (Arbeitslosenversicherung) und dem SGB V (Krankenversicherung)
- Leistungen zur Sicherung des Lebensunterhalts nach dem SGB II (Grundsicherung für Arbeitsuchende)
- Leistungen nach dem Dritten und Vierten Kapitel des SGB XII (Sozialhilfe)
- eine mehr als 180 Tage ununterbrochene Arbeitsunfähigkeit

Eine besondere Härte liegt auch vor, wenn sich der Darlehensnehmer wegen unverschuldeter finanzieller Belastungen vorübergehend in ernsthaften Zahlungsschwierigkeiten befindet oder zu erwarten ist, dass er durch die Rückzahlung des Darlehens in der vorgesehenen Form in solche Schwierigkeiten gerät.

§ 7 Abs. 2 FPfZG sieht eine weitere Härtefallregelung vor. In der Gesetzesbegründung wird darauf hingewiesen, dass Ängste und Unsicherheiten der pflegenden Angehörigen mit dieser Härtefallregelung aufgegriffen werden. Besteht nämlich der Pflegebedarf des nahen Angehörigen über die Dauer der Freistellung hinaus und führt der Darlehensnehmer die Freistellung von der Arbeitsleistung fort, um die Pflege in häuslicher Umgebung weiterhin durchzuführen, sind auf Antrag die fälligen Rückzahlungsraten zu einem Viertel zu erlassen. Voraussetzung ist, dass die vorstehend geschilderten Bedingungen der Härtefallregelung vorliegen. Die übrige Darlehensschuld wird zinsfrei gestundet.

Die Darlehensschuld erlischt, soweit sie noch nicht fällig ist, wenn der Darlehensnehmer Leistungen nach dem Dritten und Vierten Kapitel des SGB XII oder Leistungen zur Sicherung des Lebens-

Auszeit vom Beruf

unterhalts nach dem SGB II ununterbrochen seit mindestens zwei Jahren nach dem Ende der Freistellung bezieht oder er verstirbt (§ 7 Abs. 3 FPfZG).

Antragstellung und Durchführung des Verfahrens

Ein Vordruck für die Beantragung eines zinslosen Darlehens findet sich auf der Homepage des Bundesamts.

Bundesamt für Familie und zivilgesellschaftliche Aufgaben
Postanschrift: 50964 Köln Besucheranschrift: Sibille-Hartmann-Straße 2–8 50969 Köln Telefon: 0221 3673-0 Telefax: 0221 3673-4661 Internet: www.bafza.de E-Mail: poststelle@bafza.bund.de

Dem Antrag sind beizufügen:

- Entgeltbescheinigung
- Vereinbarung über die Familienpflegezeit
- Bescheinigung über die Pflegebedürftigkeit des nahen Angehörigen

In der Entgeltbescheinigung ist insbesondere die arbeitsvertraglich vereinbarte Wochenstundenzahl der letzten zwölf Monate vor Beginn der Familienpflegezeit anzugeben.

Das Bundesamt setzt die Höhe der Darlehensraten zu Beginn der Leistungsgewährung in monatlichen Festbeträgen für die gesamte Förderdauer fest.

Der Antrag wirkt vom Zeitpunkt des Vorliegens der Anspruchsvoraussetzungen, wenn er innerhalb von drei Monaten nach deren Vorliegen gestellt wird, anderenfalls wirkt er vom Beginn des Monats der Antragstellung.

Das Bundesamt für Familie und zivilgesellschaftliche Aufgaben entscheidet auf schriftlichen Antrag über das Darlehen und dessen Rückzahlung.

In dem Darlehensbescheid gibt das Bundesamt an:

- Höhe des Darlehens
- Höhe der monatlichen Darlehensraten sowie Dauer der Leistung
- Höhe und Dauer der Rückzahlungsraten
- Fälligkeit der ersten Rückzahlungsrate

Wurde dem Antragsteller für eine vor dem Antrag liegende Freistellung ein Darlehen gewährt, sind für die Ermittlung der Rückzahlungsraten und die Fälligkeit der ersten Rückzahlungsrate das zurückliegende und das aktuell gewährte Darlehen wie ein Darlehen zu behandeln. Der das erste Darlehen betreffende Bescheid wird hinsichtlich Höhe, Dauer und Fälligkeit der Rückzahlungsraten geändert.

Die Darlehensraten werden zu Beginn jeweils für den Kalendermonat ausgezahlt, in dem die Anspruchsvoraussetzungen vorliegen. Monatliche Förderungsbeträge, die nicht volle Euro ergeben, sind bei Restbeträgen bis zu 0,49 Euro abzurunden und von 0,50 Euro an aufzurunden.

Beamtenrechtliche Vorschriften

Nicht verbeamtete Beschäftigte des öffentlichen Dienstes, die einen Angehörigen pflegen, können, wie eben beschrieben, regulär die Vorschriften des Pflegezeitgesetzes bzw. des Familienpflegezeitgesetzes nutzen.

Dies gilt nicht für Beamte des Bundes oder der Länder. Für sie gelten diese Regelungen nicht. Um auch diesen Personenkreis zu ermöglichen, sich um pflegebedürftige Angehörige zu kümmern, erfolgten – zumindest teilweise – Übertragungen in die beamtenrechtlichen Vorschriften. Zuletzt wurden im Herbst 2016 Vorschriften zur Vereinbarkeit von Familie und Beruf für Bundesbeamte geschaffen.

Auszeit vom Beruf

Soweit (noch) keine gesetzlichen Regelungen geschaffen wurden, haben manche Dienstherren mittels Rundschreiben ihre Dienstbehörden aufgefordert, im Vorgriff auf eine gesetzliche Übertragung entsprechend des Pflegezeitgesetzes und des Familienpflegezeitgesetzes zu agieren.

Hier eine Übersicht, welche gesetzlichen Regelungen bisher geschaffen wurden:

Kurzzeitige Arbeitsverhinderung

Geltungsbereich	in	Regelungsgehalt
Bund	§ 12 SUrlV	1-4 Arbeitstage
Baden-Württemberg	§ 74 LBG B-W	bis 10 Arbeitstage, davon 9 Arbeitstage unter Belassung der Bezüge
Bayern	§ 16 UrlV	1-9 Arbeitstage mit Bezüge plus 1 Tag ohne Bezüge
Berlin	AV SURlVO	4 Arbeitstage
Brandenburg	§ 11 Abs. 2 Nr. 5 EUrlDbV	1-4 Arbeitstage
Bremen	§ 19 BremUrlVO	1 Arbeitstag; im Ausnahmefall max. 3 Arbeitstage
Hamburg	Nr. 5 HmbSUrlR	1-4 Arbeitstage
Hessen	§ 15, § 16 HUrlVO	bis 10 Arbeitstage
Mecklenburg-Vorpommern	--	--
Niedersachen	§ 9a Nds SUrlVO	bis 10 Arbeitstage
Nordrhein-Westfalen	§ 16 FrUrlV NRW	bis 10 Arbeitstage, davon 9 Arbeitstage unter Belassung der Bezüge
Rheinland-Pfalz	§ 31 UrlVO	1 Arbeitstag
Saarland	§ 14 Urlaubs-VO	bis 10 Arbeitstage; bis 20 Arbeitstage für Alleinerziehende
Sachsen	§ 14 SächsUrlMuEltVO	bis 10 Arbeitstage

Geltungsbereich	in	Regelungsgehalt
Sachsen-Anhalt	§ 20 UrlVO LSA	1 Arbeitstag
Schleswig-Holstein	§ 13 SUVO	1-4 Arbeitstage
Thüringen	§ 18 ThürUrlV	5 Arbeitstage

Pflegezeit, Familienpflegezeit

Anstelle eines Darlehens kommt hier ein Gehaltsvorschuss in Betracht (z. B. geregelt für Bundesbeamte, Nordrhein-Westfalen, Saarland).

In den meisten Bundesländern ist eine (teilweise) Freistellung meist über die gewöhnlichen Teilzeitregelungen aus familiären Gründen geregelt; teilweise ist dieser auf einen Umfang von mindestens 50 Prozent der regelmäßigen Arbeitszeit beschränkt (z. B. Baden-Württemberg, Hessen, Rheinland-Pfalz, Sachsen).

Wichtig: Wenden Sie sich an die Personalvertretung, wenn Sie sich mit dem Gedanken tragen, eine Pflegezeit bzw. Familienpflegezeit in Anspruch nehmen zu wollen. In den Bundesländern ist derzeit einige Bewegung in die Rechtsanpassung bzw. Übertragung der Regelungen auf den Beamtenbereich gekommen.

Geltungsbereich	Pflegezeit	Familienpflegezeit
Bund	§ 92a BBG	§ 92a BBG
Baden-Württemberg	§ 74 Abs. 2 LBG B-W	§ 74 Abs. 3 LBG
Bayern	§ 89 BayBG	§ 18 BayUrlV
Berlin	§ 55 LBG BLN	§ 54, § 55 LBG
Brandenburg	§ 80 LBG Bbg	--
Bremen	§ 62 BremBG	§ 62 BremBG
Hamburg	§ 64 HmbBG	§ 63 HambBG
Hessen	§ 63, § 64 HBG	§ 64 HBG
Mecklenburg-Vorpommern	§ 66 LBG M-V	§ 64 LBG
Niedersachsen	§ 62, § 65 NBG	§ 65 NBG
Nordrhein-Westfalen	§ 16 FrUlV	§ 71 LBG, §§ 16, 33 FrUlV
Rheinland-Pfalz	§ 75 LBG	--

Auszeit vom Beruf

Geltungsbereich	Pflegezeit	Familienpflegezeit
Saarland	§ 79 Abs. 4, § 83 SBG	§ 79 Abs. 4 SBG
Sachsen	§ 98 SächsBG	§ 14 SächsUrlMuEltVO, § 98 SächsBG
Sachsen-Anhalt	§ 21 UrlVO	§ 22 Abs. 2 UrlVO, § 65, § 68 LBG
Schleswig-Holstein	§ 62 LBG S-H	§ 62 LBG
Thüringen	§ 62, § 68 ThürBG	§ 64 ThürBG

Auszeit von der Pflege

Verhinderungspflege... 86
Kurzzeitpflege.. 91
Entlastungsbetrag... 94

Verhinderungspflege

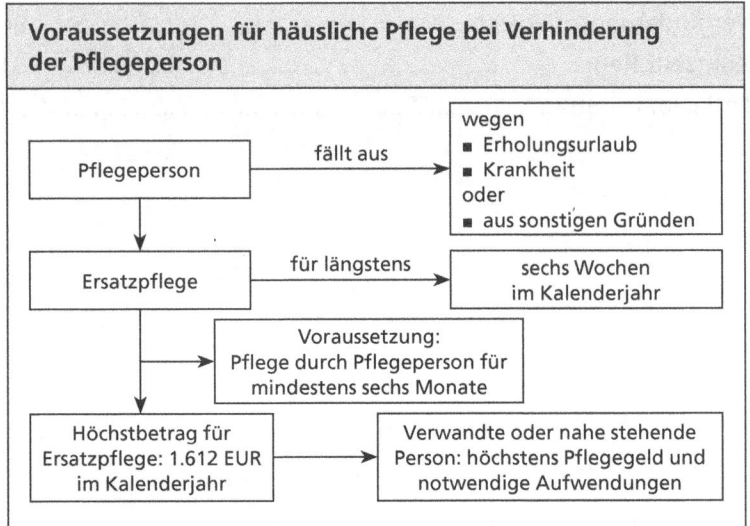

Häusliche Pflege ohne Angehörige oder ehrenamtlich Pflegende ist nicht möglich. Fallen diese aus, kann dies über die Leistung der Verhinderungspflege (auch Ersatzpflege geannt) ausgeglichen werden (§ 39 SGB XI): Ist eine Pflegeperson nach § 19 SGB XI (siehe S. 21) an der Pflege gehindert, hat ein Pflegebedürftiger ab dem Pflegegrad 2 für die Dauer von bis zu sechs Wochen (42 Kalendertage) je Kalenderjahr Anspruch auf Verhinderungspflege.

Von den Pflegekassen werden die Kosten für die Verhinderungspflege (Ersatzpflege) übernommen, wenn die Pflegeperson wegen Erholungsurlaub, Krankheit oder aus anderen Gründen die Pflege nicht durchführen kann.

Wichtig: Ein Nachweis für die Verhinderung muss durch die Pflegeperson nicht geführt werden (z. B. Nachweis der Urlaubsgewährung durch den Arbeitgeber).

Der Pflegegrad 2 muss erst ab dem Zeitpunkt der Verhinderung vorliegen, sodass die sechsmonatige Vorpflegezeit bereits dann

Verhinderungspflege

erfüllt ist, wenn der Pflegebedürftige in diesem Zeitraum in den Pflegegrad 1 eingestuft war. Ein Warten auf die Einhaltung der Vorpflegezeit ab der Höherstufung in den Pflegegrad 2 ist daher nicht notwendig.

Leistungsumfang

Der jährliche Leistungsumfang für die Verhinderungspflege beträgt nach § 39 Abs. 1 SGB XI für die Pflegegrade 2 bis 5 grundsätzlich bis zu 1.612 Euro im Kalenderjahr.

Die Verhinderungspflege ist keine Sachleistung, sondern eine Leistung der Kostenerstattung. Die Verhinderungspflege muss daher nicht vorher beantragt werden, das geht bei sehr kurzfristigen Verhinderungen oft auch gar nicht.

Der Pflegekasse sollte jedoch ergänzend mitgeteilt werden,

- welche Pflegeperson
- aus welchem Grund (Urlaub, Krankheit, anderer Grund)
- wie lange (tageweise oder stundenweise)

verhindert ist.

Das erleichtert den Pflegekassen die Bearbeitung und beugt Rückfragen vor, die die Bearbeitung und damit die Kostenerstattung verzögern.

> **Praxis-Tipp:**
> Fragen Sie bei der Pflegekasse des Pflegebedürftigen nach. Sehr oft werden Vordrucke eingesetzt, deren Verwendung den Bearbeitungsablauf verkürzen können. Wichtig ist aber auch zu wissen, dass die Verwendung der Vordrucke nicht verpflichtend ist, auch ein formloses Kostenerstattungsverlangen muss bearbeitet werden.

Grundsätzlich geht damit die Abrechnung des Pflegedienstes über die erfolgte Verhinderungspflege an den Pflegebedürftigen und dieser reicht sie bei der Pflegekasse zur Erstattung ein. In der

Auszeit von der Pflege

Praxis rechnet aber der Pflegedienst oft über eine Abtretungserklärung direkt mit der Pflegekasse ab.

Ersatzpflege durch Verwandte

Im Rahmen der Verhinderungspflege ist zwischen einer nicht erwerbsmäßigen und einer erwerbsmäßigen Verhinderungspflege zu unterscheiden. So kann die Verhinderungspflege zum einen durch eine private, nicht erwerbsmäßig pflegende Person (z. B. Angehörige, Nachbarn, Bekannte) und zum anderen durch eine zugelassene Pflegeeinrichtung (z. B. ambulante Pflegedienste, familienentlastende Dienste) sowie andere Dienste (z. B. Dorfhelfer, Betriebshilfsdienste) erbracht werden.

Wird die Verhinderungspflege von einer Pflegeperson durchgeführt, die mit dem Pflegebedürftigen bis zum zweiten Grad verwandt oder verschwägert ist oder mit ihm in häuslicher Gemeinschaft lebt, kann davon ausgegangen werden, dass die Verhinderungspflege nicht erwerbsmäßig ausgeübt wird.

Nach § 1589 BGB gehören zu den Verwandten des Pflegebedürftigen bis zum zweiten Grad:

- Eltern
- Kinder (auch ehelich erklärte oder angenommene Kinder)
- Großeltern
- Enkelkinder und
- Geschwister.

Mit dem Pflegebedürftigen bis zum zweiten Grade verschwägert sind (§ 1590 BGB):

- Stiefeltern
- Stiefkinder
- Stiefenkelkinder (Enkelkinder des Ehegatten)
- Schwiegereltern
- Schwiegerkinder (Schwiegersohn und Schwiegertochter)
- Schwiegerenkel (Ehegatte der Enkelkinder)

Verhinderungspflege

- Großeltern der Ehegatten
- Stiefgroßeltern sowie
- Schwager und Schwägerin.

In diesen Fällen orientiert sich der maximale Leistungsumfang der Pflegeversicherung an den Pflegegeldsätzen. Das bedeutet, dass für 42 Tage insgesamt das 1,5-fache Pflegegeld des jeweiligen Pflegegrades zur Deckung der Kosten erstattet wird. Weitere nachgewiesene und im Zusammenhang mit der Verhinderungspflege entstandene Aufwendungen (z. B. Verdienstausfall, Fahrtkosten) können zusätzlich erstattet werden. Insgesamt darf aber der Höchstbetrag von 1.612 nicht überschritten werden.

Wichtig: Ist der Höchstbetrag ausgeschöpft und entstehen darüber hinaus Kosten (z. B. nachgewiesener Verdienstausfall), können diese über die Kurzzeitpflege finanziert werden.

Weiterzahlung von Pflegegeld

Während der Zeit der Verhinderungspflege wird das Pflegegeld nach § 37 Abs. 2 SGB XI für einen Zeitraum von bis zu sechs Wochen je Kalenderjahr grundsätzlich zur Hälfte weitergezahlt. Eine Kürzung des Pflegegeldes erfolgt jedoch nicht für den ersten und den letzten Tag der Ersatzpflege. Der Pflegebedürftige erhält an diesen beiden Tagen das volle Pflegegeld.

Außerdem wird das volle Pflegegeld nach § 37 SGB XI für den gesamten Zeitraum der Verhinderungspflege weiter gezahlt, wenn nur eine stundenweise Verhinderung der Pflegeperson von weniger als acht Stunden am Tag besteht. In diesen Fällen erfolgt allein eine Anrechnung auf den Höchstbetrag von 1.612 Euro plus eventuell 806 Euro aus der Kurzzeitpflege. Die Höchstdauer der Verhinderungspflege von sechs Wochen je Kalenderjahr gilt nicht.

Stundenweise Verhinderungspflege

Die stundenweise Verhinderungspflege ist gerade für kurze Pausen im Pflegealltag geeignet. Sie ermöglicht es einen Ersatzpfleger zu nehmen, damit die Pflegeperson etwa in Ruhe einkaufen, gemeinsam mit Freunden etwas unternehmen, eigene wichtige

Auszeit von der Pflege

Termine wahrnehmen oder einfach einmal die Seele baumeln lassen kann.

Ist die Pflegeperson weniger als 8 Stunden am Tag verhindert, so erfolgt ausschließlich eine Anrechnung auf den Höchstbetrag von 1.612 Euro, nicht aber auf die Höchstdauer von 42 Tagen.

Entscheidend für die Anrechnung ist der Verhinderungszeitraum der Pflegeperson und nicht die Dauer der Inanspruchnahme der Ersatzpflegeperson.

> **Beispiel:**
>
> Die Pflegeperson A muss beruflich eine ganztägige Schulung absolvieren, so dass sie 10 Stunden außer Haus sein wird. Die von ihr gepflegte Mutter benötigt morgens und abends jeweils 2 Stunden Hilfe. A engagiert für diese 4 Stunden eine Ersatzpflegekraft.
>
> Angerechnet werden hier die kompletten 4 Stunden mit der Konsequenz, dass das Pflegegeld entsprechend gekürzt wird und sowohl eine Anrechnung auf den Höchstbetrag als auch eine Anrechnung auf die Höchstdauer von 42 Tagen erfolgt.
>
> Wäre A nur unter 8 Stunden unterwegs, würde keine Kürzung des Pflegegeldes erfolgen. Eine Anrechnung auf die Höchstdauer von 42 Tagen würde nicht vorgenommen werden.

Übertrag des Leistungsanspruchs auf Kurzzeitpflege

Pflegebedürftige haben die Möglichkeit, den Anspruch auf Kurzzeitpflege zu 50 Prozent für die Verhinderungspflege zu verwenden.

Es kann damit ein Leistungsbetrag von bis zu 806 Euro, sofern dieser Betrag im Rahmen der Kurzzeitpflege noch nicht „verbraucht" ist, von der Kurzzeitpflege auf die Verhinderungspflege übertragen werden.

Insgesamt steht damit ein maximaler Gesamtanspruch auf Verhinderungspflege von bis zu 42 Kalendertage und bis zu 2.418 Euro zur Verfügung.

Wird die Verhinderungspflege von Pflegepersonen erbracht, die mit dem Pflegebedürftigen bis zum zweiten Grade verwandt oder verschwägert sind oder mit ihm in häuslicher Gemeinschaft leben, gilt dies insoweit, als im Zusammenhang mit der Verhinderungspflege weitere notwendige Aufwendungen nachgewiesen werden (vgl. § 39 Abs. 3 Satz 3 und 4 SGB XI).

Durch den Übertrag des Leistungsanspruchs auf Verhinderungspflege möchte der Gesetzgeber die Leistungsinanspruchnahme flexibilisieren und die Wahlrechte der Versicherten stärken.

Kurzzeitpflege

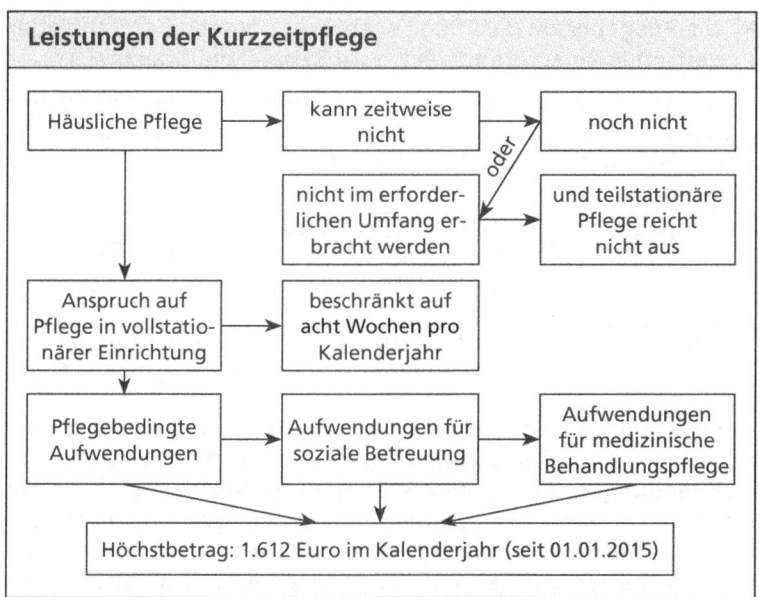

Kann die häusliche Pflege trotz Pflegesachleistungen (§ 36 SGB XI), Pflegegeld (§ 37 SGB XI) oder Kombinationsleistungen (§ 38 SGB XI) sowie den zeitweisen Ausgleich durch Verhinderungspflege (§ 39 SGB XI) und teilstationäre Pflege (§ 41 SGB XI) nicht abgedeckt werden, kann ein Pflegebedürftiger der Pflegegrade 2

Auszeit von der Pflege

bis 5 zeitweilig in vollstationäre Pflege (Kurzzeitpflege) nach § 42 SGB XI aufgenommen werden. Die Pflegebedürftigen des Pflegegrades 1 können auch hier den Entlastungsbetrag nach § 45b Abs. 1 Satz 1 SGB XI in Höhe von bis zu 125 Euro monatlich für Leistungen der Kurzzeitpflege einsetzen (vgl. § 28a Abs. 2 SGB XI).

Eine Kurzzeitpflege nach § 42 SGB XI kommt zum Beispiel dann in Betracht, wenn

- sie für eine Übergangszeit im Anschluss an eine stationäre Behandlung erfolgt,
- die Wohnung des Pflegebedürftigen behindertengerecht umgebaut wird oder
- die Pflegeperson die Pflege noch nicht übernehmen kann oder zeitweilig komplett ausfällt (zum Beispiel bei Krankheit).

Zu den Leistungsbeträgen der Kurzzeitpflege für die Pflegegrade 2 bis 5 nach § 42 Abs. 2 SGB XI und für den Pflegegrad 1 nach § 28a Abs. 2 SGB XI gilt folgende Übersicht:

Pflegegrad	Leistungen in EUR bis zu
Pflegegrad 1	125 monatlich für die Inanspruchnahme von Entlastungsleistungen nach § 45b Abs. 1 Satz 1 SGB XI
Pflegegrad 2 bis 5	1.612 für Kosten einer notwendigen Kurzzeitpflege für bis zu 8 Wochen pro Kalenderjahr

Der monatliche Leistungsbetrag von maximal 1.612 Euro wird wie bei der Tages- und Nachtpflege nach § 41 SGB XI für notwendige Aufwendungen, die durch die Pflege und Betreuung sowie die medizinische Behandlungspflege entstehen, gezahlt. Dieser Betrag kann nach § 42 Abs. 2 SGB XI um den noch nicht verbrauchten Leistungsbetrag der Verhinderungspflege erhöht werden. Somit besteht für die Pflegebedürftigen ab Pflegegrad 2 die Möglichkeit, den Leistungsumfang der Kurzzeitpflege von bis zu 1.612 Euro auf maximal 3.224 Euro im Kalenderjahr zu verdoppeln. Der für die Kurzzeitpflege in Anspruch genommene Erhöhungsbetrag wird dann auf den Leistungsbetrag für die Verhinderungspflege angerechnet.

Kurzzeitpflege

Praxis-Tipp:
Während der Kurzzeitpflege wird nach § 37 Abs. 2 Satz 2 SGB XI hälftiges Pflegegeld für einen Zeitraum von bis zu acht Wochen je Kalenderjahr ohne zusätzliche Beantragung weitergezahlt.

Der Leistungsbetrag der Kurzzeitpflege für Pflegebedürftige der Pflegegrade 2 bis 5 wird von der Pflegekasse direkt an die zugelassene Kurzzeitpflegeeinrichtung gezahlt. Mit diesen Einrichtungen hat die Pflegekasse eine sogenannte Abwesenheitsvergütung vereinbart, die zur Abgeltung der Aufwendungen bis zu einem Betrag von grundsätzlich 1.612 Euro bzw. bei Erhöhung maximal 3.224 Euro bestimmt ist. Bei den Pflegebedürftigen des Pflegegrades 1 kann gegenüber der Pflegekasse allein im Wege der Kostenerstattung bis zu einem Betrag von 125 Euro monatlich ein Ausgleich der zuvor privat getragenen Kosten verlangt werden.

Nach § 42 Abs. 3 SGB XI ist es aber auch möglich, dass der Pflegebedürftige, unabhängig vom Alter, statt in einer vollstationären Einrichtung in einer geeigneten Einrichtung der Hilfe für behinderte Menschen oder anderen geeigneten Einrichtungen untergebracht werden kann. Dazu muss die Pflege in einer zur Kurzzeitpflege zugelassenen Einrichtung nicht möglich oder unzumutbar ist.

Ist beim Pflegebedürftigen eine Maßnahme der medizinischen Vorsorge oder Rehabilitation notwendig und muss während dieser Maßnahme für eine Pflegeperson eine Unterbringung gestellt werden sowie eine Pflege des Pflegebedürftigen erfolgen, besteht der Anspruch auf Kurzzeitpflege auch in diesen Einrichtungen (vgl. § 42 Abs. 4 SGB XI).

Die entstandenen Aufwendungen werden in diesen Fällen nicht direkt von der Pflegekasse an die jeweilige Einrichtung gezahlt. Vielmehr erfolgt eine Rechnungsstellung der Aufwendungen der Kurzzeitpflege gegenüber dem Pflegebedürftigen. Es erfolgt auch in diesen Fällen eine Kostenerstattung.

Auszeit von der Pflege

> **Praxis-Tipp:**
> Da hier nicht unerhebliche Kosten auflaufen können, die vorgestreckt werden müssen, sollte man sich vorher genau über die Kosten informieren und mit der Pflegekasse absprechen, dass diese in dieser Höhe auch wirklich erstattet werden.

Entlastungsbetrag

Bis 31.12.2016 sah der Leistungskatalog der sozialen Pflegeversicherung die Gewährung von zusätzlichen Betreuungs- und Entlastungsleistungen vor. Diese Leistung wurde im Rahmen der Änderungen durch das Zweite Pflegestärkungsgesetz (PSG II) mit Geltung ab 01.01.2017 in einen Entlastungsbetrag umgewandelt (§ 45b SGB XI). Inhaltlich gesehen bleiben die Leistungen unverändert. Neu ist allerdings, dass nun alle Pflegebedürftigen nach § 14 SGB XI, also alle Betroffenen mit Pflegegrad 1 bis 5 einen Leistungsanspruch erhalten.

Der Entlastungsbetrag in Höhe von 125 Euro monatlich dient dazu, die Pflegebedürftigen bei der Bewältigung von allgemeinen und pflegebedingten Anforderungen des Alltags, des Haushalts, insbesondere bei der Haushaltsführung, oder bei der eigenverantwortlichen Organisation benötigter Hilfeleistungen zu unterstützen. Damit soll er auch helfen, die hohe Belastung von pflegenden Angehörigen zu reduzieren.

Grundvoraussetzung ist, dass eine häusliche Pflegesituation vorliegt, die Pflege also zu Hause, im Haushalt der Pflegeperson oder einem Haushalt, in dem der Pflegebedürftige aufgenommen wurde, stattfindet.

In Anspruch genommen werden kann der Entlastungsbetrag von Pflegebedürftige der Pflegegrade 1 bis 5.

Leistungshöhe, Ansammlung während des Jahres

Der Entlastungsbetrag beträgt für alle Pflegegrade 125 Euro monatlich (auch für Pflegegrad 1). Eine Staffelung in Abhängigkeit des festgestellten Pflegegrades findet bei dieser Leistung also nicht statt.

Entlastungsbetrag

Der Entlastungsbetrag ist als monatlicher Anspruch ausgestaltet und entsteht jeweils zu Beginn des Monats (§ 41 SGB I). Damit ist ein Zugriff auf künftig im Jahr entstehende Leistungsansprüche nicht möglich.

Wird aber der monatliche Leistungsbetrag nicht oder nicht vollständig in Anspruch genommen, kann der nicht beanspruchte Teil in den Folgemonaten des Kalenderjahres berücksichtigt, also „aufgesammelt" werden.

Der monatliche Entlastungsbetrag muss also im Monat nicht voll ausgeschöpft werden. Der nicht verbrauchte Betrag kann in den folgenden Monaten des Kalenderjahres genutzt werden. Zudem ist eine Übertragung des nicht verbrauchten Gesamtbetrages in das folgende Kalenderjahr bis zum Stichtag 30.06. möglich. Nach diesem Stichtag verfallen nicht verbrauchte Entlastungsbeträge.

Der Entlastungsbetrag ist als Kostenerstattungsanspruch ausgestaltet. Der Pflegebedürftige hat also zunächst in Vorleistung zu gehen. Damit Aufwendungen erstattet werden, muss der Pflegebedürftige die Belege (Rechnung bzw. Quittung) der in Anspruch genommenen Leistung bei der Pflegekasse bzw. der Beihilfefestsetzungsstelle einreichen.

> **Praxis-Tipp: Abtretungserklärung möglich**
> Einige Pflegedienste bieten die Möglichkeit an, dass die erbrachten Leistungen über sie abgerechnet werden. Dafür muss der Pflegebedürftige eine Abtretungserklärung unterschreiben. Dadurch kann der Pflegebedürftige vermeiden, gegenüber der Pflegekasse in Vorkasse gehen zu müssen.

Leistungsinhalt

Verwendet werden kann der Entlastungsbetrag als Zuschuss für Leistungen

- der Tages- oder Nachtpflege
- der Kurzzeitpflege
- der ambulanten Pflegedienste (zum Beispiel körperbezogene Pflegemaßnahmen, Hilfen bei der Haushaltsführung)

Auszeit von der Pflege

- der nach Landesrecht anerkannten Angebote zur Unterstützung im Alltag

Zuschuss zu Tages-/Nachtpflege, Kurzzeitpflege

Der Entlastungsbetrag kann die Tages- und Nachtpflege (§ 41 SGB XI) sowie die Kurzzeitpflege (§ 42 SGB XI) ergänzen, damit diese für einen längeren Zeitraum oder in höherer Frequenz beansprucht werden können. Leistungen der Kurzzeitpflege können auch ausschließlich durch den Entlastungsbetrag finanziert werden.

Eine Anrechnung des Pflegegeldes auf den Entlastungsbetrag ist ausgeschlossen. Das Pflegegeld wird bei Pflegebedürftigen der Pflegegrade 2 bis 5 in voller Höhe weitergezahlt.

Zuschuss zu Leistungen von ambulanten Pflegediensten

Der Entlastungsbetrag kann für die Erstattung von Leistungen ambulanter Pflegedienste verwendet werden und zwar auf Inanspruchnahme von

- körperbezogenen Pflegemaßnahmen,
- pflegerischen Betreuungsleistungen,
- Hilfen bei der Haushaltsführung.

Nicht umfasst sind bei Pflegebedürftigen der Pflegegrade 2 bis 5 Aufwendungen, die für Leistungen der Selbstversorgung nach § 14 Abs. 2 Nr. 4 SGB XI entstehen. Dies sind: Waschen des vorderen Oberkörpers, Körperpflege im Bereich des Kopfes, Waschen des Intimbereichs, Duschen und Baden einschließlich Waschen der Haare, An- und Auskleiden des Oberkörpers, An- und Auskleiden des Unterkörpers, mundgerechtes Zubereiten der Nahrung und Eingießen von Getränken, Essen, Trinken, Benutzen einer Toilette oder eines Toilettenstuhls, Bewältigen der Folgen einer Harninkontinenz und Umgang mit Dauerkatheter und Urostoma, Bewältigen der Folgen einer Stuhlinkontinenz und Umgang mit Stoma, Ernährung parenteral oder über Sonde, Bestehen gravierender Probleme bei der Nahrungsaufnahme bei Kindern bis zu 18 Monaten, die einen außergewöhnlich pflegeintensiven Hilfebedarf auslösen.

Entlastungsbetrag

Diese Leistungseinschränkung gilt jedoch nicht für Pflegebedürftige des Pflegegrades 1, da diese ja keine Leistungen nach § 36 SGB XI (Leistungen für ambulante Sachleistungen) erhalten.

Unterstützung im Alltag

Diese Angebote sind für pflegende Angehörige besonders wichtig. Denn zu diesen Leistungen der nach dem Landesrecht anerkannten Angebote zur Unterstützung zählen:

- **Betreuungsangebote**

    Hier übernehmen ehrenamtliche Helferinnen und Helfer unter pflegefachlicher Anleitung die Betreuung von Pflegebedürftigen mit allgemeinem oder besonderem Betreuungsbedarf in Gruppen oder im häuslichen Bereich

- **Entlastungsangebote für Pflegende**

    Diese Angebote sind zur gezielten Entlastung und beratenden Unterstützung von pflegenden Angehörigen gedacht, wie etwa Pflegebegleiter, die Angehörige nicht nur mit Pflegetipps und Pflegeanleitungen helfen, sondern diese auch emotional unterstützen und für eine bessere Vernetzung und Organisation mit anderen Angeboten sorgen.

- **Entlastungsangebote für Pflegebedürftige**

    Diese Angebote sollen bei der Bewältigung von allgemeinen oder pflegebedingten Anforderungen des Alltags oder im Haushalt sowie bei der eigenverantwortlichen Organisation von Hilfeleistungen unterstützen, zum Beispiel in Form von praktischen Hilfen durch Alltagsbegleiter, die zum Einkauf oder zum Gottesdienst begleiten, Vorlesen, Zuhören und Kaffeetrinken vorbereiten.

Beispiele:

- Betreuungsgruppen für an Demenz erkrankte Menschen (z. B. Alzheimergruppen)
- Helferkreise zur stundenweisen Entlastung pflegender Angehöriger im häuslichen Bereich

Auszeit von der Pflege

- Tagesbetreuung in Kleingruppen (Tagesmuttermodell) oder Einzelbetreuung
- Agenturen zur Vermittlung von Betreuungs- und Entlastungsleistungen sowohl für Pflegebedürftige als auch Pflegepersonen
- Familienentlastende Dienste
- Serviceangebote für haushaltsnahe Dienstleistungen

Voraussetzung ist, dass die Angebote nach Landesrecht anerkannt sind. Das bestimmt jedes Bundesland auf Grundlage einer Rechtsverordnung. Und genau hier liegt der „Pferdefuß" dieser Unterstützungsangebote, denn hier handelten die Bundesländer bisher sehr uneinheitlich. Teilweise liegen noch keine Rechtsverordnungen vor, teilweise ist das Engagement von Pflegediensten und sonstigen Anbietern, solche Leistungen anzubieten, eher zurückhaltend.

Eine Übersicht über die Angebote werden vom Bundesland bzw. einer vom Land bestimmten Stelle den Landesverbänden der Pflegekassen übermittelt. Diese wiederum veröffentlichen die Übersicht auf einer eigenen Internetseite.

Praxis-Tipp:
Fragen Sie bei Ihrer Pflegekasse nach einer Übersicht regionaler Angebote. Aufgrund der verpflichtend zu führenden Preis- und Leistungsübersicht (S. 33) müssen auch diese Unterstützungsangebote gelistet werden. Ansonsten sind meist die Sozialministerien der Länder zuständig. Auch hier können Sie nachfragen.

Soziale Sicherung

Soziale Absicherung durch Sozialversicherungsträger 100
Gesetzliche Unfallversicherung 100
Gesetzliche Rentenversicherung.. 111
Arbeitslosenversicherung... 121

Soziale Absicherung durch Sozialversicherungsträger

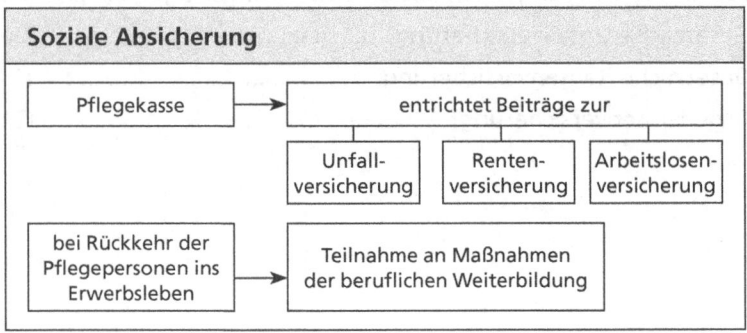

Zur Verbesserung der sozialen Sicherung der Pflegepersonen entrichten die Pflegekassen und die privaten Versicherungsunternehmen, bei denen eine private Pflege-Pflichtversicherung durchgeführt wird, Beiträge an die zuständigen Sozialversicherungsträger, wenn die sonstigen Voraussetzungen vorliegen; diese werden im Folgenden näher erläutert.

Gesetzliche Unfallversicherung

Nach ausdrücklicher Vorschrift im Siebten Buch des Sozialgesetzbuches (SGB VII) unterliegen Pflegepersonen in dem in Kapitel 1 geschilderten Sinne der Versicherungspflicht in der gesetzlichen Unfallversicherung.

Allerdings: Ab 01.01.2017 ist vorgeschrieben, dass Versicherungspflicht nur besteht, wenn ein Pflegebedürftiger mit mindestens Pflegegrad 2 gepflegt wird. Pflegebedürftige mit Pflegegrad 1 werden nicht erfasst, dagegen alle Personen von Pflegegrad 2 bis Pflegegrad 5. Die Pflegegrade sind seit 01.01.2017 an die Stelle der früheren Pflegestufen getreten.

Den Pflegegrad 1 erhalten nach § 15 Abs. 3 SGB XI Personen mit geringen Beeinträchtigungen der Selbständigkeit oder der Fähigkeiten.

Gesetzliche Unfallversicherung

Voraussetzung für eine Versicherungspflicht in der gesetzlichen Unfallversicherung ist zudem, dass die Pflegeperson eine oder mehrere pflegebedürftige Personen

- wenigstens zehn Stunden wöchentlich,
- verteilt auf regelmäßig mindestens zwei Tage in der Woche,

pflegt.

In der Begründung der Bundesregierung zum PSG II wird wegen der zum 01.01.2017 geänderten Voraussetzungen für den Versicherungsschutz in der gesetzlichen Unfallversicherung auf die Übergangsregelungen in § 141 Abs. 7 SGB XI verwiesen. Danach besteht für Personen, die am 31.12.2016 wegen nicht erwerbsmäßiger Pflege in der gesetzlichen Unfallversicherung versicherungspflichtig waren, die Versicherungspflicht für die Dauer dieser Pflegetätigkeit fort. Dies gilt, soweit und solange sich aus dem ab dem 01.01.2017 geltenden Recht keine günstigeren Ansprüche ergeben. Die Übergangsregelung ist ab dem Zeitpunkt nicht mehr anwendbar, zu dem nach dem ab dem 01.01.2017 geltenden Recht festgestellt wird, dass bei der versorgten Person keine Pflegebedürftigkeit nach der neuen Begrifflichkeit (siehe S. 13) vorliegt.

Unfallversicherungsschutz besteht in allen Bereichen, die im seit 01.01.2017 geltenden § 14 Abs. 2 SGB XI als maßgebend für die Feststellung von Pflegebedürftigkeit berücksichtigt werden. Danach sind für das Vorliegen von gesundheitlich bedingten Beeinträchtigungen der Selbständigkeit oder der Fähigkeiten die in den folgenden sechs Bereichen genannten pflegefachlich begründeten Kriterien maßgebend:

- Mobilität
  (z. B. Positionswechsel im Bett, Umsetzen, Fortbewegen innerhalb des Wohnbereichs, Treppensteigen)
- Kognitive und kommunikative Fähigkeiten
  (z. B. örtliche und zeitliche Orientierung, Beteiligung an einem Gespräch)
- Verhaltensweise und psychische Problemlagen
  (z. B. physisch aggressives Verhalten gegenüber anderen Personen, verbale Aggression)

Soziale Sicherung

- Selbstversorgung
(z. B. Waschen, Duschen, Baden einschließlich Waschen der Haare, An- und Auskleiden)

- Bewältigung von und selbstständiger Umgang mit krankheits- oder therapiebedingten Anforderungen und Belastungen und zwar in Bezug zum Beispiel auf Medikation, Verbandswechsel und Wundversorgung, auf zeit- und technikintensive Maßnahmen und in Bezug auf zum Beispiel das Einhalten einer Diät

- Gestaltung des Alltagslebens und sozialer Kontakte, etwa Gestaltung des Tagesablaufs

Beeinträchtigungen der Selbständigkeit oder der Fähigkeiten, die dazu führen, dass die Haushaltsführung nicht mehr ohne Hilfe bewältigt werden kann, werden bei den Kriterien der vorstehend aufgeführten Bereiche bereits berücksichtigt (§ 14 Abs. 3 SGB XI). Das Nichtbewältigen des Haushalts ist damit alleine für sich gesehen, kein Kriterium, das bei der Ermittlung des Pflegegrades berücksichtigt wird und damit auch hier beim Unfallversicherungsschutz keine Rolle spielen darf.

Wichtig: Als versicherte Tätigkeit in diesem Sinne ist auch der Weg zur Pflegestelle oder von der Pflegestelle nach Hause anzusehen.

Keine Ansprüche gegen den Pflegebedürftigen

Erleidet eine Pflegeperson während der Pflege des Pflegebedürftigen einen Unfall, ist es unter Umständen möglich, dass nach zivilrechtlichen Grundsätzen ein Schadensersatzanspruch des Pflegenden gegen den Pflegebedürftigen besteht. So kann beispielsweise der Pflegebedürftige bei einer ruckartigen Bewegung die Pflegeperson umwerfen, wobei diese verletzt wird.

Wichtig: Leistet ein Sozialversicherungsträger (Unfallversicherungsträger) bei einem Unfall, den der Pflegebedürftige „verschuldet" hat, kann er seine von ihm erbrachten Leistungen vom Pflegebedürftigen zurückfordern, wenn der Pflegebedürftige den Schaden vorsätzlich oder grob fahrlässig zugefügt hat.

Der Gesetzgeber wendet hier die gleichen Grundsätze an, wie sonst bei Arbeitsunfällen. Um den Betriebsfrieden nicht zu stören, werden dort Schadensersatzansprüche des Arbeitnehmers gegen

Gesetzliche Unfallversicherung

den Arbeitgeber nur zugelassen, wenn Letzterer vorsätzlich gehandelt hat. Außerdem bestehen solche Ansprüche, wenn sich der durch den Pflegebedürftigen verursachte Schaden bei einem Wegeunfall ereignet hat (§ 106 Abs. 2 SGB VII).

Im Allgemeinen wird aber bei solchen „häuslichen" Unfällen nur einfache Fahrlässigkeit des Pflegebedürftigen vorliegen. Schadensersatzansprüche können dann nicht geltend gemacht werden.

Das SGB VII weitet in Zusammenhang mit häuslicher Pflege die sonst für Arbeitsunfälle geltenden Grundsätze noch weiter aus. Es bestimmt, dass die Ausschlüsse entsprechend für die Ersatzpflicht

- der Pflegebedürftigen gegenüber den Pflegepersonen,
- der Pflegepersonen gegenüber den Pflegebedürftigen,
- der Pflegeperson desselben Pflegebedürftigen untereinander

gelten.

Dies bedeutet, dass nicht nur die Haftung des Pflegebedürftigen gegenüber der Pflegeperson ausgeschlossen ist, sondern insbesondere auch die Haftung der Pflegeperson gegenüber dem Pflegebedürftigen. Verletzt also beispielsweise die Pflegeperson den Pflegebedürftigen durch Unachtsamkeit, kann der Pflegebedürftige keinerlei Schadensersatzansprüche gegen die Pflegeperson geltend machen. Ein Sozialversicherungsträger, der für den Pflegebedürftigen eintritt, kann ebenfalls keine Schadensersatzansprüche gegen die Pflegeperson erheben, es sei denn, der Versicherungsträger kann grobe Fahrlässigkeit oder gar Vorsatz nachweisen.

Mehrere Pflegepersonen des gleichen Pflegebedürftigen werden durch das Gesetz wie Arbeitskollegen in einem Unternehmen behandelt.

Wichtig: Hat ein Zivilgericht über Schadensersatzansprüche der geschilderten Art zu entscheiden, so ist es an rechtskräftige Entscheidungen des Sozialversicherungsträgers über Höhe und Umfang der Leistungen gebunden. Das Zivilgericht ist auch an die Entscheidung des Unfallversicherungsträgers darüber gebunden, ob ein Arbeitsunfall vorliegt.

Soziale Sicherung

Leistungen bei Arbeitsunfall oder Berufskrankheiten

Erleidet ein Pflegender einen Arbeitsunfall (einschließlich Wegeunfall) oder leidet er an einer durch die Pflege hervorgerufenen Berufskrankheit, hat er Anspruch auf die gesamte Leistungspalette des SGB VII.

Die Heilbehandlung umfasst insbesondere:

- Erstversorgung (am Unfallort)
- Ärztliche Behandlung
- Zahnärztliche Behandlung einschließlich der Versorgung mit Zahnersatz
- Versorgung mit Arznei-, Verband-, Heil- und Hilfsmitteln
- Häusliche Krankenpflege
- Behandlung in Krankenhäusern und Rehabilitationseinrichtungen
- Leistungen zur medizinischen Rehabilitation einschließlich Belastungserprobung und Arbeitstherapie

Die Qualität und Wirksamkeit der Leistungen haben dem allgemein anerkannten Stand der medizinischen Erkenntnisse zu entsprechen. Der medizinische Fortschritt ist zu berücksichtigen.

Die Unfallversicherungsträger müssen alle Maßnahmen treffen, durch die

- eine möglichst frühzeitig nach dem Versicherungsfall einsetzende und sachgemäße Heilbehandlung und
- – soweit erforderlich – besondere unfallmedizinische Behandlung

gewährleistet wird.

Wichtig: Unfälle und Berufskrankheiten sind binnen drei Tagen dem Unfallversicherungsträger anzuzeigen. Tödliche Unfälle sind sofort anzuzeigen. Wenn die Pflegeperson nach einem Unfall ärztliche Hilfe in Anspruch nimmt, sollte sie zudem dem Arzt mitteilen, dass sie den Unfall bei der Ausübung einer häuslichen Pflegetätigkeit erlitten hat.

Gesetzliche Unfallversicherung

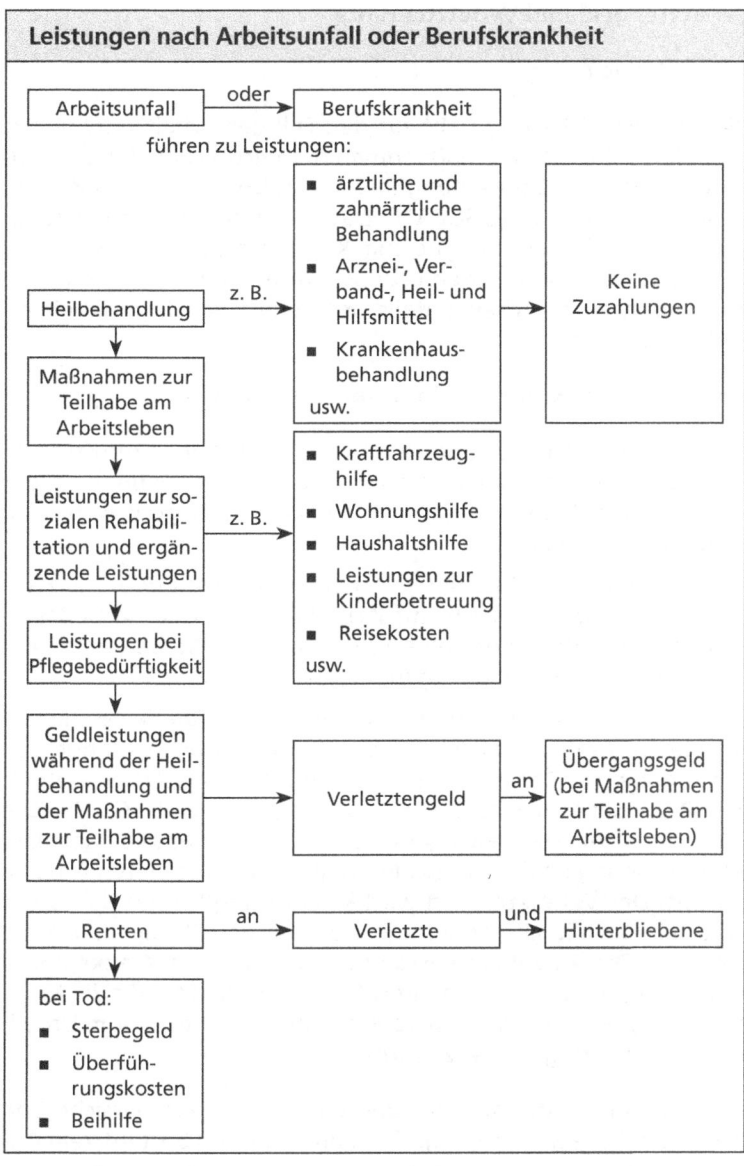

Soziale Sicherung

Verletztengeld und Verletztenrente

Verletztengeld

Die Unfallversicherung sieht für den Fall der Arbeitsunfähigkeit oder der Teilnahme an Maßnahmen der beruflichen Rehabilitation verschiedene Geldleistungen vor. Das Verletztengeld ist eine dieser Leistungen (§ 45 SGB VII). Das Verletztengeld ist das Äquivalent der Unfallversicherung zum Krankengeld aus der Krankenversicherung. Es sichert den Lebensunterhalt des Arbeitnehmers, der wegen eines Arbeitsunfalls oder einer Berufskrankheit arbeitsunfähig ist.

Verletztengeld wird erbracht, wenn Versicherte

- infolge des Versicherungsfalls (Arbeitsunfall oder Berufskrankheit) arbeitsunfähig sind oder wegen einer Maßnahme der Heilbehandlung eine ganztägige Erwerbstätigkeit nicht ausüben können und

- unmittelbar vor Beginn der Arbeitsunfähigkeit oder der Heilbehandlung Anspruch auf Arbeitsentgelt oder Arbeitseinkommen hatten oder eine Sozialleistung, wie beispielsweise Arbeitslosengeld I, bezogen haben.

Der Anspruch auf Verletztengeld entsteht am Tag der ärztlichen Feststellung der Arbeitsunfähigkeit, ruht jedoch, solange der Arbeitgeber im Rahmen der Entgeltfortzahlung Arbeitsentgelt (i. d. R. für sechs Wochen) weiterzahlt (§§ 45 und 46 SGB VII). Die Höhe des Verletztengelds (§ 47 SGB VII) errechnet sich nach dem letzten vor Beginn der Arbeitsunfähigkeit abgerechneten Arbeitsentgelt. Das Verletztengeld wird kalendertäglich bezahlt. Steht es für einen vollen Kalendermonat zu, werden 30 Tage in Ansatz gebracht. Die Auszahlung erfolgt i. d. R. durch die Krankenkasse im Auftrag der zuständigen Berufsgenossenschaft. Für die Krankenkasse stellt dies eine Auftragsleistung dar, die ihr vom Unfallversicherungsträger ersetzt wird.

Wichtig: Auf Leistungen der gesetzlichen Krankenversicherung selbst (ärztliche Behandlung, Krankengeld usw.) besteht kein Anspruch, wenn sie als Folge eines Arbeitsunfalls zu erbringen sind.

Gesetzliche Unfallversicherung

Verletztenrente

Versicherte, deren Erwerbsfähigkeit infolge eines Versicherungsfalls über die 26. Woche nach dem Versicherungsfall hinaus um wenigstens 20 Prozent gemindert ist, haben Anspruch auf eine Verletztenrente (§ 56 SGB VII). Ist die Erwerbsfähigkeit infolge mehrerer Versicherungsfälle gemindert und erreichen die Prozentsätze zusammen wenigstens die Zahl 20, besteht für jeden, auch für einen früheren Versicherungsfall, Anspruch auf Rente. Hierbei müssen die Folgen eines Versicherungsfalls nur berücksichtigt werden, wenn sie die Erwerbsfähigkeit um wenigstens 10 Prozent mindern.

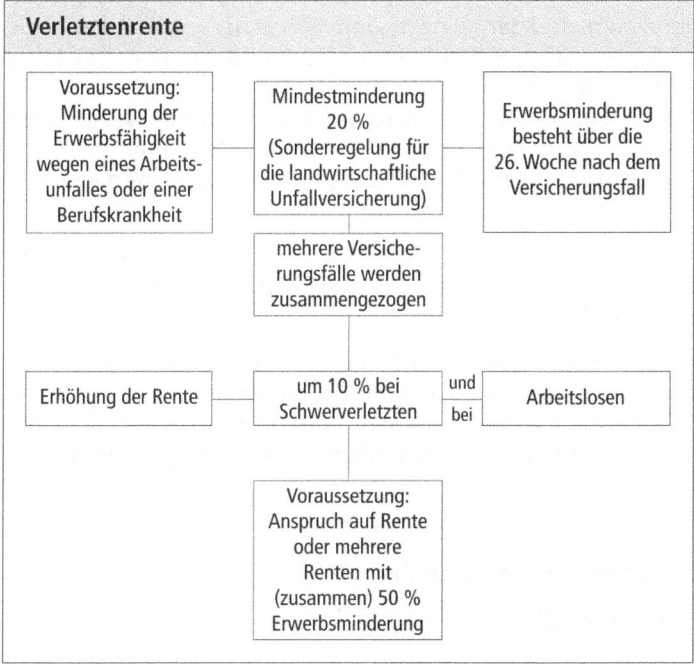

Bei Verlust der Erwerbsfähigkeit wird Vollrente geleistet. Die Höhe der Vollrente wird aus dem Jahresarbeitsverdienst errech-

Soziale Sicherung

net. Die Vollrente, die bei Verlust der Erwerbsfähigkeit geleistet wird, beläuft sich auf zwei Drittel des Jahresarbeitsverdienstes.

Bei einer Minderung der Erwerbsfähigkeit wird Teilrente geleistet. Diese wird in der Höhe des Prozentsatzes der Vollrente festgesetzt, der dem Grad der Minderung der Erwerbsfähigkeit entspricht. Die Minderung der Erwerbsfähigkeit richtet sich nach dem Umfang der sich aus der Beeinträchtigung des körperlichen und geistigen Leistungsvermögens ergebenden verminderten Arbeitsmöglichkeiten.

Können Versicherte durch den Arbeitsunfall bestimmte berufliche Kenntnisse und Erfahrungen nicht mehr verwenden oder nur noch in vermindertem Umfang nutzen, wird dies bei der Rentenhöhe berücksichtigt.

Für die ersten drei Jahre nach dem Versicherungsfall kann die Rente als vorläufige Entschädigung für zunächst nur drei Jahre gezahlt werden. Ist zu erwarten, dass nur diese vorläufige Entschädigung gezahlt werden wird, kann der Unfallversicherungsträger den Versicherten nach Abschluss der Heilbehandlung mit einer Gesamtvergütung in Höhe des voraussichtlichen Rentenaufwandes abfinden.

Aber auch dann, wenn die Rente nicht mehr als vorläufige Entschädigung gezahlt wird, ist eine Abfindung auf Antrag des Versicherten möglich.

Bezieht der Versicherte sowohl eine Unfallrente der gesetzlichen Unfallversicherung als auch eine Erwerbsminderungsrente, so wird die Rente aus der Rentenversicherung insoweit nicht geleistet, als zusammen ein bestimmter Grenzbetrag überschritten wird.

Leistungen bei Tod des Versicherten

Hinterbliebene haben Anspruch auf:

- Sterbegeld
- Erstattung der Kosten der Überführung an den Ort der Bestattung

Gesetzliche Unfallversicherung

- Hinterbliebenenrenten
- Beihilfe

Der Anspruch auf diese Leistungen besteht nur, wenn der Tod infolge eines Versicherungsfalles im Rahmen der Unfallversicherung (Arbeitsunfall, Berufskrankheiten) eingetreten ist.

Hinterbliebenenrenten werden gewährt an:

- Witwen und Witwer
- Frühere Ehegatten
- Waisen
- Eltern (Elternrente wird an Eltern, Großeltern, Stief- oder Pflegeeltern gezahlt)

Zuständiger Unfallversicherungsträger

Für alle nicht erwerbsmäßig tätigen häuslichen Pflegepersonen sind die Unfallversicherungsträger im kommunalen Bereich zuständig.

Die Unfallversicherung ist kostenlos; Beiträge werden für versicherte Pflegepersonen nicht erhoben.

Zuständiger Unfallversicherungsträger je Bundesland
■ **Baden-Württemberg**   Unfallkasse Baden-Württemberg, Hauptsitz Stuttgart: Augsburger Straße 700, 70329 Stuttgart, Tel. (0711) 93210
■ **Bayern**   Bayerischer Gemeindeunfallversicherungsverband, Ungererstraße 71, 80805 München, Tel. (089) 360 930
■ **Berlin**   Unfallkasse Berlin, Culemeyerstraße 2, 12277 Berlin-Marienfelde, Tel. (030) 76240
■ **Brandenburg**   Unfallkasse Brandenburg, Müllroser Chaussee 75, 15236 Frankfurt an der Oder, Tel. (0335) 52160

Soziale Sicherung

- **Bremen**
  Unfallkasse Freie Hansestadt Bremen, Walsroder Straße 12–14, 28215 Bremen, Tel. (0421) 350120
- **Hamburg**
  Unfallkasse Nord, Standort Hamburg, Spohrstraße 2, 22083 Hamburg, Tel. (040) 271530
- **Hessen**
  Unfallkasse Hessen, Leonardo-da-Vinci-Allee 20, 60486 Frankfurt/Main, Tel. (069) 29972440
- **Mecklenburg-Vorpommern**
  Unfallkasse Mecklenburg-Vorpommern, Wismarsche Straße 199, 19053 Schwerin, Tel. (0385) 51810
- **Niedersachsen**
  Landesunfallkasse Niedersachsen, Am Mittelfelde 169, 30519 Hannover Tel. (0511) 87070
- **Nordrhein-Westfalen**
  Unfallkasse Nordrhein-Westfalen, Zentrale St.-Franziskus-Str. 146, 40470 Düsseldorf, Tel. (0211) 90240
- **Rheinland-Pfalz**
  Unfallkasse Rheinland-Pfalz, Orensteinstraße 10, 56626 Andernach, Tel. (02632) 9600
- **Saarland**
  Unfallkasse Saarland, Beethovenstraße 41, 66125 Saarbrücken, Tel. (06897) 97330
- **Sachsen**
  Unfallkasse Sachsen, Rosa-Luxemburg-Straße 17a, 01662 Meißen, Tel. (03521) 7240
- **Sachsen-Anhalt**
  Unfallkasse Sachsen-Anhalt, Käsperstraße 31, 39261 Zerbst, Tel. (03923) 7510
- **Schleswig-Holstein**
  Unfallkasse Nord, Standort Kiel, Seekoppelweg 5a, 24113 Kiel, Tel. (0431) 64070
- **Thüringen**
  Unfallkasse Thüringen, Humboldtstraße 111, 99867 Gotha, Tel. (03621) 7770

Gesetzliche Rentenversicherung

Voraussetzungen für die Versicherungspflicht in der gesetzlichen Rentenversicherung

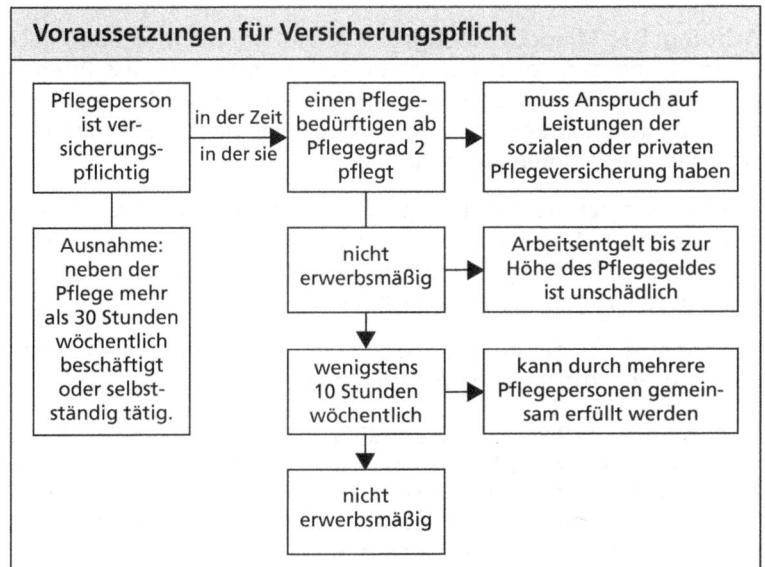

Zur Verbesserung der sozialen Sicherung der Pflegepersonen werden diese bei Vorliegen der im Weiteren beschriebenen Voraussetzungen rentenversichert. Dazu entrichten die Pflegekassen und die privaten Versicherungsunternehmen, bei denen eine private Pflege-Pflichtversicherung durchgeführt wird, Beiträge an den zuständigen Rentenversicherungsträger (§ 44 Abs. 1 SGB XI). Das gilt aber nur, wenn der Pflegebedürftige mindestens dem Pflegegrad 2 zugeordnet ist.

Voraussetzung ist, dass die Pflegeperson regelmäßig nicht mehr als 30 Stunden wöchentlich erwerbstätig ist.

Außerdem muss sie den Pflegebedürftigen mindestens 10 Stunden wöchentlich pflegen. Diese Voraussetzung kann auch da-

Soziale Sicherung

durch erreicht werden, dass mehrere pflegebedürftige Personen gepflegt werden.

Im Einzelfall stellt der MDK oder der sonst beauftragte Gutachter fest, ob und in welchem zeitlichen Umfang häusliche Pflege durch eine Pflegeperson erforderlich ist.

Achtung: Der Pflegebedürftige und die Pflegeperson haben darzulegen und auf Verlangen glaubhaft zu machen, dass Pflegeleistungen in diesem zeitlichen Umfang auch tatsächlich erbracht werden. Insbesondere gilt dies, wenn Pflegesachleistungen in Anspruch genommen werden.

Aus der Gesetzesbegründung zum PSG II ergibt sich, dass wegen des geringen Umfangs des Pflegebedarfs die rentenrechtliche Absicherung für Pflegepersonen nicht vorgesehen ist, die einen Pflegebedürftigen des Pflegegrades 1 pflegen.

Wichtig: Die Pflegebedürftigkeit beginnt mit dem Entstehen des Leistungsanspruchs gegen die Pflegekasse.

Wurde zunächst davon ausgegangen, dass keine Pflegebedürftigkeit im Sinne der entsprechenden Vorschriften des SGB XI besteht und wird zu einem späteren Zeitpunkt dann doch Pflegebedürftigkeit festgestellt, beginnt die gesetzliche Rentenversicherung des Pflegenden mit dem Einsetzen der Leistungen.

Wie aus dem obigen Schaubild hervorgeht, gelten Pflegepersonen, die für ihre Tätigkeit von dem Pflegebedürftigen ein Arbeitsentgelt erhalten, welches das dem Umfang der Pflegetätigkeit entsprechende Pflegegeld nicht übersteigt, nicht als erwerbsmäßig tätig. Sie sind insoweit nicht als Arbeitnehmer versicherungspflichtig.

Nicht erwerbsmäßig tätige Pflegepersonen, die daneben regelmäßig mehr als 30 Stunden wöchentlich beschäftigt oder selbständig tätig sind, sind nicht als Pflegende versicherungspflichtig.

Bei der Feststellung, ob mehr als 30 Stunden wöchentlich eine Beschäftigung oder Tätigkeit ausgeübt wird, ist auch die für die Ausübung der Beschäftigung oder Tätigkeit erforderliche Vor- oder Nacharbeit zu berücksichtigen. Dies ist insbesondere bei

Tätigkeiten künstlerischer oder geistiger Art (z. B. bei Lehrern an öffentlichen oder privaten Schulen) zu berücksichtigen.

Ein zeitweises Überschreiten der 30-Stunden-Grenze steht der Rentenversicherungspflicht grundsätzlich nicht entgegen. Schwankt die Arbeitszeit von Woche zu Woche, ist die regelmäßige Wochenarbeitszeit zu schätzen. Zu diesem Zweck sind die voraussichtlichen Arbeitsstunden von drei Kalendermonaten (13 Wochen) zu addieren und durch 13 zu dividieren.

Bei einem lediglich vorübergehenden Auslandsaufenthalt bleibt die Rentenversicherungspflicht bestehen. Voraussetzung ist allerdings, dass sich die Pflegeperson gemeinsam mit dem Pflegebedürftigen ins Ausland begibt, um die Pflegetätigkeit weiter – eventuell den Umständen angepasst – auszuüben. Als vorübergehend gilt ein Zeitraum von längstens sechs Wochen im Kalenderjahr.

Wichtig: Da der Anspruch auf häusliche Krankenpflege bei vorübergehendem Auslandsaufenthalt von bis zu sechs Wochen im Kalenderjahr sowie in den ersten vier Wochen einer vollstationären Krankenhausbehandlung oder einer stationären medizinischen Rehabilitationsmaßnahme weiterbesteht, besteht auch die Rentenversicherungspflicht für die Pflegeperson weiter.

Rentenversicherungspflicht besteht selbst in den Fällen bis zu längstens vier Wochen fort, in denen die Pflegetätigkeit wegen einer Krankenhausbehandlung oder Rehabilitationsmaßnahme des Pflegebedürftigen unterbrochen wird, es aber nicht zu einer Weiterzahlung des Pflegegeldes durch die Pflegekasse kommt.

Achtung: Voraussetzung für die Berücksichtigung von Pflegeleistungen ist, dass in dem Bereich, in dem die Pflegeperson einen Pflegeaufwand von mindestens 10 Stunden wöchentlich geltend macht, dieser Hilfebedarf nach den Feststellungen des MDK oder des sonst beauftragten Gutachters auch tatsächlich besteht.

In der Praxis gibt es Fälle, in denen der MDK bzw. der sonst beauftragte Gutachter zum Umfang der Pflegetätigkeit nicht Stellung nimmt. Das ist regelmäßig dann der Fall, wenn eine Begutachtung nach Aktenlage (z. B. wenn der Pflegebedürftige bereits verstorben ist) erfolgt. In diesen Fällen erhalten die Pflegekassen

Soziale Sicherung

nur eine Mitteilung über die Feststellung des Pflegegrades ohne weitere Angaben. Bei solchen Sachverhalten wird auf die Angaben der Pflegeperson in dem „Antrag auf Beitragszahlung ..." zurückgegriffen.

Wichtig: Die Pflegekasse wird durch den erwähnten Antrag aufgefordert, Beiträge für die Pflegeperson zur gesetzlichen Rentenversicherung zu entrichten.

Ordensangehörige sind keine Pflegepersonen im Sinne der Bestimmungen über die Versicherungspflicht zur gesetzlichen Rentenversicherung. Soweit sie Pflegebedürftige versorgen, vollzieht sich dies im Rahmen des kirchlichen Auftrags bzw. des Glaubensbekenntnisses. Diese aus überwiegend religiösen oder sittlichen Beweggründen vollzogene Pflegetätigkeit führt zur Versicherungspflicht in der Rentenversicherung (aber nicht als Pflegeperson).

Die Pflegekassen sind verpflichtet, die Versicherten und ihre Angehörigen sowie gegebenenfalls beteiligte Dritte über ihre Leistungen zu unterrichten und zu beraten.

Zu dieser Aufgabe zählt auch die Unterrichtung bzw. Beratung über die Leistungen zur sozialen Sicherung der Pflegeperson, insbesondere über die Beitragszahlung für nicht erwerbsmäßig tätige Pflegepersonen an die Rentenversicherung. Die Pflegekassen erfüllen diese Verpflichtung unter anderem durch Versendung des oben bereits erwähnten „Antrags auf Zahlung der Beiträge zur gesetzlichen Rentenversicherung für nicht erwerbsmäßig tätige Pflegepersonen".

Achtung: Die Rentenversicherungspflicht beginnt auch in den Fällen, in denen der Pflegekasse entsprechende Angaben verspätet gemacht werden, von dem Zeitpunkt an, in dem die Voraussetzungen tatsächlich erfüllt werden.

Die Versicherungspflicht der Pflegeperson zur gesetzlichen Rentenversicherung kommt kraft Gesetzes zustande und ist eigentlich nicht von einem Antrag oder dergleichen abhängig.

Es müssen lediglich die gesetzlichen Voraussetzungen zur Versicherungspflicht erfüllt sein. Der von den Pflegekassen verwendete Antrag hat somit keine rechtsbegründende Bedeutung. Er dient

Gesetzliche Rentenversicherung

vornehmlich verwaltungspraktischen Gründen. Ohne nähere Angaben über die Pflegepersonen ist nämlich eine ordnungsgemäße Beitragsabrechnung und -abführung in der Regel nicht möglich.

Beitragszahlung

Die Rentenversicherungsbeiträge für die Pflegeperson sind von der Pflegekasse zu tragen. Die Beiträge für Personen, die einen in der sozialen Pflegeversicherung versicherungsfreien Pflegebedürftigen pflegen, sind von dem privaten Versicherungsunternehmen aufzubringen.

Für Pflegepersonen, die Beihilfe oder Heilfürsorge zu beanspruchen haben, zahlen die Pflegekassen nur die Hälfe der Beiträge an die Rentenversicherungsträger (im Übrigen besteht eine Verpflichtung der Stelle, die für die Beihilfe oder Heilfürsorge zuständig ist). Trotzdem melden sie den Rentenversicherungsträgern den gesamten Betrag der beitragspflichtigen Einnahmen.

Wird ein Pflegebedürftiger gepflegt, der wegen Pflegebedürftigkeit Beihilfeleistungen oder Leistungen der Heilfürsorge und Leistungen einer Pflegekasse oder eines privaten Versicherungsunternehmens erhält, sind die Beiträge von der Festsetzungsstelle für die Beihilfe oder vom Dienstherrn und der Pflegekasse oder dem privaten Versicherungsunternehmen anteilig zu übernehmen.

Wichtig: Ist ein Rentenversicherungsträger Festsetzungsstelle für die Beihilfe, gelten die Beiträge insoweit als gezahlt. Dies gilt auch im Verhältnis der Rentenversicherungsträger untereinander.

Die Pflegekassen haben die Beiträge, die an und für sich an einen Träger der gesetzlichen Rentenversicherung abzuführen sind, an eine berufsständische Versorgungseinrichtung zu entrichten.

Voraussetzung ist, dass die Pflegeperson wegen einer Pflichtmitgliedschaft in einer solchen Einrichtung von der Versicherungspflicht zur gesetzlichen Rentenversicherung befreit ist.

Beitragsberechnung

Die Höhe und die Berechnung der Beiträge für Pflegende in der gesetzlichen Rentenversicherung ist durch das PSG II vollständig geändert worden. Das gilt besonders für § 166 Abs. 2 SGB VI. Die

Soziale Sicherung

Höhe der Beitragsbemessungsgrundlage wird ab 01.01.2017 für die einzelnen Pflegegrade ermittelt. Dabei wird mit Pflegebedürftigen des Pflegegrades 2 begonnen. Personen mit Pflegegrad 1 werden nicht berücksichtigt.

Bei den beitragspflichtigen Einnahmen des § 166 Abs. 2 SGB VI handelt es sich um die Bemessungsgrundlage für die Beiträge. Innerhalb der Pflegegrade 2 bis 5 werden dort jeweils drei verschiedene Bemessungsgrundlagen gebildet. Die prozentuale Bezugsgröße richtet sich danach, welche Leistung der Pflegeversicherung in Anspruch genommen wird:

a) die pflegebedürftige Person bezieht ausschließlich Pflegegeld (selbst beschaffte Pflegehilfe) nach § 37 SGB XI;

b) die pflegebedürftige Person bezieht Kombinationsleistungen nach § 38 SGB XI;

c) die pflegebedürftige Person bezieht ausschließlich Pflegesachleistungen nach § 36 SGB XI.

Aus dem Zusammenspiel Pflegegrad und in Anspruch genommener Leistung ergibt sich folgende Übersicht:

Pflegegrad	Leistungsart	%-Satz der Bezugsgröße
2	a) selbst beschaffte Pflegehilfe	27,00
	b) Kombinationsleistung	22,95
	c) Pflegesachleistung	18,90
3	a) selbst beschaffte Pflegehilfe	43,00
	b) Kombinationsleistung	36,55
	c) Pflegesachleistung	30,10
4	a) selbst beschaffte Pflegehilfe	70,00
	b) Kombinationsleistung	59,50
	c) Pflegesachleistung	49,00
5	a) selbst beschaffte Pflegehilfe	100,00
	b) Kombinationsleistung	85,00
	c) Pflegesachleistung	70,00

2017 beläuft sich die monatliche Bezugsgröße im Westen Deutschlands auf 2.975 Euro und im Osten auf 2.660 Euro. Hieraus errechnen sich folgende Beitragsbemessungsgrundlagen für die einzelnen Pflegegrade und Leistungsarten:

Pflege-grad	Leistungsart	Westen	Osten
2	a) selbst beschaffte Pflegehilfe	803,25 €	718,20 €
	b) Kombinationsleistung	682,76 €	610,47 €
	c) Pflegesachleistung	562,28 €	502,74 €
3	a) selbst beschaffte Pflegehilfe	1.279,25 €	1.143,80 €
	b) Kombinationsleistung	1.087,36 €	972,23 €
	c) Pflegesachleistung	895,48 €	800,66 €
4	a) selbst beschaffte Pflegehilfe	2.082,50 €	1.862,00 €
	b) Kombinationsleistung	1.770,13 €	1.582,70 €
	c) Pflegesachleistung	1.457,75 €	1.303,40 €
5	a) selbst beschaffte Pflegehilfe	2.975,00 €	2.660,00 €
	b) Kombinationsleistung	2.528,75 €	2.261,00 €
	c) Pflegesachleistung	2.882,50 €	1.862,00 €

In Zusammenhang mit der gesetzlichen Rentenversicherung ist auch § 44 Abs. 2 SGB VI zu beachten, der durch das PSG II lediglich redaktionell geändert worden ist. Es geht hier um Personen, die wegen einer Pflichtmitgliedschaft in einer berufsständischen Versorgungseinrichtung auch in ihrer Pflegetätigkeit von der Versicherungspflicht in der gesetzlichen Rentenversicherung befreit sind oder befreit wären, wenn sie in der Rentenversicherung versicherungspflichtig wären und einen Befreiungsantrag gestellt hätten. Die zu entrichtenden Beiträge werden auf Antrag an die berufsständische Versorgungseinrichtung (z. B. Rechtsanwaltsversorgung) gezahlt.

Mehrfachpflege

Üben mehrere nicht erwerbsmäßig tätige Pflegepersonen die Pflege einer pflegebedürftigen Person gemeinsam aus, sind die beitragspflichtigen Einnahmen aufzuteilen (§ 166 Abs. 2 Satz 2 SGB VI).

Wird die Pflege eines Pflegebedürftigen von mehreren Pflegepersonen erbracht (Mehrfachpflege, auch Additionspflege genannt), wird der Umfang der jeweiligen Pflegetätigkeit je Pflegeperson

Soziale Sicherung

im Verhältnis zum Umfang der von den Pflegepersonen zu leistenden Pflegetätigkeit insgesamt (Gesamtpflegeaufwand) ermittelt. Dabei werden die Angaben der beteiligten Pflegepersonen zugrunde gelegt. Werden keine oder keine übereinstimmenden Angaben gemacht, erfolgt eine Aufteilung zu gleichen Teilen. Die Feststellung zu den Pflegezeiten und zum Pflegeaufwand der Pflegeperson sowie bei Mehrfachpflege zum Einzel- und Gesamtpflegeaufwand trifft die Pflegekasse beziehungsweise das private Versicherungsunternehmen des Pflegebedürftigen. Diese Feststellungen sind der Pflegeperson auf Wunsch zu übermitteln.

Beispiel:

Die Pflegeperson pflegt in Köln ihre Mutter (Pflegegrad 3) allein im Umfang von 25 Stunden pro Woche; es wird dafür ein Pflegegeld gezahlt. Zusätzlich pflegt sie ihre Schwiegereltern (beide Pflegegrad 2) – ebenfalls in Köln – mit jeweils 5 Stunden pro Woche gemeinsam mit einem Pflegedienst; gezahlt werden ambulante Pflegesachleistungen und Pflegegeld (Kombinationsleistung).

Die Rentenversicherungsbeiträge errechnen sich wie folgt:

- Mutter (Pflegegrad 3, Pflegegeld): 43 % der Bezugsgröße
  (2017: 1.279,15 Euro)

- Schwiegermutter (Pflegegrad 2, Kombinationsleistung): 22,95 % der Bezugsgröße
  (2017: 682,76 Euro)

- Schwiegervater (Pflegegrad 2, Kombinationsleistung): 22,95 % der Bezugsgröße
  (2017: 682,76 Euro)

Insgesamt: 2.644,67 Euro

Das Meldeverfahren für den Fall, in denen die Mindeststundenzahl für die Pflege (10 Stunden wöchentlich) nur durch die Pflege mehrerer Pflegebedürftiger erreicht wird, regeln der Spitzenverband Bund der Pflegekassen, der Verband der privaten Kran-

Gesetzliche Rentenversicherung

kenversicherung e.V., die Deutsche Rentenversicherung und die Bundesagentur für Arbeit durch Vereinbarung.

Beispiel:

Die Pflegeperson pflegt in Leipzig ihre Schwiegermutter (Pflegegrad 2) 5 Stunden pro Woche und zusätzlich ihre Mutter (Pflegegrad 3) 5 Stunden pro Woche, jeweils gemeinsam mit dem Pflegedienst (Kombinationsleistung).

Dadurch erreicht sie die erforderliche Stundenzahl von 10 Stunden pro Woche, verteilt auf mindesten 2 Tage wöchentlich.

Die Rentenversicherungsbeiträge errechnen sich wie folgt:

- Schwiegermutter (Pflegegrad 2, Kombinationsleistung): 22,95 % der Bezugsgröße
  (2017: 610,47 Euro)
- Mutter (Pflegegrad 3, Pflegesachleistung): 30,1 % der Bezugsgröße
  (2017: 800,66 Euro)

Insgesamt: 1.411,13 Euro

Es werden keine Rentenversicherungsbeiträge gezahlt, wenn nicht mindestens Pflegegrad 2 vorliegt. Für die Prüfung der 10-Stunden-Grenze erfolgt kein Zusammenrechnen der Pflegetätigkeiten im Pflegegrad 1.

Beispiel:

Die Pflegeperson erreicht nur dadurch die erforderliche Stundenzahl von 10 Stunden pro Woche, verteilt auf mindestens 2 Tage wöchentlich, weil sie ihren Schwiegervater (Pflegegrad 1) an 5 Stunden pro Woche pflegt und zusätzlich ihre Schwiegermutter (Pflegegrad 2) 8 Stunden pro Woche (Pflegegeld).

Obwohl die Schwiegermutter Pflegegrad 2 hat, kommt es nicht zu einer Versicherungspflicht nach § 3 Satz 1 Nr. 1a SGB VI und somit zu keiner Beitragszahlung durch die Pflegeversicherung, weil die erforderliche Stundenanzahl nicht erreicht wurde. Da der Schwiegervater nur in Pflegegrad 1 eingestuft

Soziale Sicherung

> ist, dürfen die für seine Pflege aufgewendeten Stunden nicht beachtet werden.

Leistungsansprüche

Als Pflegende versicherte Menschen haben dem Grunde nach die gleichen Leistungsansprüche aus der gesetzlichen Rentenversicherung wie etwa versicherte Arbeitnehmer:

- Regelaltersrenten
- Altersrenten für langjährig Versicherte
- Altersrenten ab Vollendung des 63. Lebensjahres ohne Abzug
- Altersrenten für schwerbehinderte Menschen
- Altersrenten wegen Arbeitslosigkeit
- Renten wegen Erwerbsminderung (Frührenten)
- Renten von Todes wegen (Witwer-, Witwen-, Waisen- oder Erziehungsrenten)
- Leistungen für Kindererziehung
- Leistungen aus Höherversicherungsbeiträgen
- Zusatzleistungen nach dem Rentenüberleitungsgesetz
- Leistungen aus überführten Zusatz- und Sonderversorgungssystemen
- Erstattungen an die Deutsche Rentenversicherung Knappschaft-Bahn-See und an die Träger der Unfallversicherung
- Leistungen zur medizinischen Rehabilitation, Leistungen zur Teilhabe am Arbeitsleben sowie ergänzende Leistungen
- Krankenversicherung der Rentner
- Finanzausgleichszahlungen
- Kosten des Sozialmedizinischen Dienstes

> **Lese-Tipp:**
> Beachten Sie zu den Leistungen der gesetzlichen Rentenversicherung die im Walhalla Fachverlag erschienenen Bücher:

- Früher in Rente
  ISBN 978-3-8029-4072-9
- Als Rentner alle Ansprüche voll ausschöpfen
  ISBN 978-3-8029-4073-6
- SGB VI – Gesetzliche Rentenversicherung
  ISBN 978-3-8029-7308-6

Arbeitslosenversicherung

Pflegepersonen sind ab 01.01.2017 nach den Vorschriften des SGB III vollumfassend in der Arbeitslosenversicherung versichert. Dies ist eine entscheidende Verbesserung zur bisherigen Rechtslage, die durch das PSG II eingeführt wurde. In der Gesetzesbegründung heißt es dazu, dass die soziale Sicherung von Pflegepersonen in der Arbeitslosenversicherung (Arbeitsförderung) auf eine neue Grundlage gestellt wird. Versicherungspflicht besteht ab 01.01.2017 – unabhängig von der Inanspruchnahme einer Pflegezeit nach dem Pflegezeitgesetz – für die gesamte Dauer der Pflege eines Pflegebedürftigen mit mindestens Pflegegrad 2.

Hierzu ist nach § 26 SGB III aber grundsätzlich erforderlich, dass unmittelbar vor der Pflegetätigkeit eine Versicherungspflicht in der Arbeitslosenversicherung bestanden haben muss oder Anspruch auf eine Entgeltersatzleistung nach dem SGB III (z. B. Arbeitslosengeld I) bezogen wurde. Diese Regelung greift auch nur, wenn nicht ohnehin schon eine Absicherung in der Arbeitslosenversicherung besteht (z.B. wegen einer Teilzeitbeschäftigung, wegen Erziehung eines Kindes unter drei Jahren).

Wichtig: Grundgedanke der Versicherungspflicht der Pflegepersonen bleibt nach wie vor, dass sich die Regelung auf Personen erstreckt, die vor Aufnahme der Pflegetätigkeit bereits zu dem durch die Arbeitslosenversicherung geschützten Personenkreis gehört haben.

Weitere Voraussetzung ist, dass die Pflegeperson einen Pflegebedürftigen

Soziale Sicherung

- wenigstens 20 Stunden wöchentlich,
- verteilt auf regelmäßig mindestens zwei Tage in der Woche,

pflegt.

Ebenso wie in der gesetzlichen Rentenversicherung können diese Voraussetzungen auch durch die Pflege mehrerer Pflegebedürftiger mit mindestens Pflegegrad 2 erfüllt werden (siehe auch Mehrfachpflege in der Rentenversicherung, S. 117 und die dazugehörigen Beispiele).

Wegen des geringen Umfangs des Pflegebedarfs ist die Absicherung in der Arbeitslosenversicherung nicht für Pflegepersonen geöffnet, die einen Pflegebedürftigen des Pflegegrades 1 pflegen.

Während der pflegerischen Tätigkeit sind Pflegepersonen im Sinne des § 19 SGB XI (vgl. dazu die Ausführungen in Kapitel 1) nach Maßgabe des § 26 Abs. 2b SGB III nach dem Recht der Arbeitsförderung versichert. Die Pflegekassen und die privaten Versicherungsunternehmen, bei denen eine private Pflege-Pflichtversicherung durchgeführt wird, sowie die sonstigen in § 347 Nr. 10 Buchst. c SGB III genannten Stellen (Beihilfestellen) entrichten für die Pflegepersonen Beiträge an die Bundesagentur für Arbeit (BA).

Durch die ab 01.01.2017 geltenden Neuregelungen haben die Betroffenen damit für den Fall, dass im Anschluss an eine Pflegetätigkeit eine nahtlose Eingliederung in eine Beschäftigung nicht gelingt, Anspruch auf Arbeitslosengeld und Zugang zu allen Leistungen der aktiven Arbeitsförderung.

Bis 31.12.2016 waren bei einer Pflegezeit lediglich Beiträge in Höhe von 10 Prozent der monatlichen Bezugsgröße (2016: 290,50 Euro im Westen, 252 Euro im Osten) durch die Pflegekassen und privaten Pflegeversicherungsunternehmen zu entrichten. Ab 01.01.2017 steigen diese Beträge stark an, denn ab dann sind 50 Prozent der monatlichen Bezugsgröße maßgebend (2017: 1.487,50 Euro im Westen, 1.330 Euro im Osten). Nach der Gesetzesbegründung berücksichtigt die insoweit gegenüber dem geltenden Recht erhöhte beitragspflichtige Einnahme versicherungskalkulatorisch, dass der verbesserten Einbeziehung der Pflegepersonen in den Arbeitslosenversicherungsschutz im Fall der Arbeitslosigkeit bzw.

Arbeitslosenversicherung

bei Rückkehr auf den Arbeitsmarkt auch Ausgaben für Arbeitslosengeld und Leistungen der aktiven Arbeitsförderung gegenüberstehen.

Wie in der Rentenversicherung sind die Pflegekassen bzw. die privaten Versicherungsunternehmen bzw. die Beihilfestellen beitragspflichtig. Die Beiträge sind an die Bundesagentur für Arbeit zu zahlen, soweit es um die Arbeitslosenversicherung geht. In der Rentenversicherung sind die jeweiligen Rentenversicherungsträger zuständig. In der Arbeitsförderung bleibt es bei der Regelung, dass die Spitzenverbände der Pflegekassen und die Bundesagentur für Arbeit das Nähere zur Beitragszahlung und Abrechnung durch Vereinbarung regeln können.

Abschließend zum Recht der Arbeitsförderung ist noch darauf hinzuweisen, dass die Möglichkeit, sich auf Antrag in der Arbeitslosenversicherung zu versichern (sog. Antragsversicherung nach § 28a Abs. 1 Satz 1 SGB III) ab 01.01.2017 nicht mehr besteht – und nach den neuen Regelungen auch nicht mehr erforderlich ist.

Für Personen, die bereits bis 31.12.2016 zur Pflege einer pflegebedürftigen Person eine Pflegezeit in Anspruch genommen haben sowie für Pflegepersonen, die wegen der Pflege eines Angehörigen eine Versicherungspflichtverhältnis auf Antrag begründet haben, gilt folgende Übergangsvorschrift, die ebenfalls durch das PSG II geschaffen worden ist:

- Absatz 1 von § 446 SGB III stellt sicher, dass Pflegepersonen, die wegen einer Pflegezeit am 31.12.2016 versicherungspflichtig sind, den Versicherungsschutz zur Arbeitsförderung am 01.01.2017 jedenfalls so lange nicht verlieren, wie die in Anspruch genommene Pflegezeit andauert.

- Absatz 2 von § 446 SGB III überführt versicherungspflichtige Pflegepersonen zum Jahreswechsel 2016/2017 automatisch aus einem Versicherungspflichtverhältnis auf Antrag in die verpflichtende Arbeitslosenversicherung.

Die Pflegepersonen haben damit Anspruch auf

- Entgeltersatzleistungen (z. B. Arbeitslosengeld I, Übergangsgeld, Kurzarbeitergeld) sowie

Soziale Sicherung

- Leistungen der aktiven Arbeitsförderung (z. B. Beratung, Vermittlung, Berufliche Weiterbildung, Eingliederungsmaßnahmen),

falls ein nahtloser Einstieg in eine Beschäftigung nach Ende der Pflegetätigkeit nicht gelingt.

Gleiches gilt für Personen, die für die Pflege den Leistungsbezug aus der Arbeitslosenversicherung unterbrechen.

Über die Einzahlung in die Arbeitslosenversicherung ist gewährleistet, dass diese Leistungen vom Versicherten abgerufen werden können, da sie während der Pflegetätigkeit durch Einzahlung der Pflegekasse ihre Anwartschaften bzw. Wartezeiten nicht verlieren.

Stichwortverzeichnis

Abtretungserklärung, Entlastungsbetrag 95
Abwesenheitsvergütung 93
Akutereignisse 51
Ambulante Pflege 49
Amtspflichtverletzung 31
Ankündigung
– Arbeitgeber 73
– Familienpflegezeit 73
– Pflegezeit 64
Ankündigung, Pflegezeit 64
Anschlussversorgung an stationäre Behandlung 92
Antragstellung, Darlehen 80
Arbeitnehmer 50
Arbeitsentgelt, Fortzahlung 53
Arbeitsleistung, Freistellung 64
Arbeitslosengeld II 78
Arbeitslosenversicherung 67, 79, 121
Arbeitsunfähigkeit 79
Arbeitsunfall 104
Arbeitsverhinderung 49
Arbeitsverhinderung, kurzzeitige 52
Arbeitszeitverringerung 71
Arbeitszeitverteilung 73
Ärztliche Bescheinigung 52
Ärztliches Attest 55
Aufklärung 30
Aufklärungspflicht 32
Auskunftspflicht 32
– Krankenversicherungsträger 30
Auszubildende 50

Beamte 18, 50, 81
Befristung, Arbeitsverhältnis 66, 75
Begutachtung 63
Begutachtungsfrist 19
Begutachtungsinstrument 14
Behinderte Menschen, Einrichtungen 93
Beihilfe 18, 58, 115, 122
Beiträge zur Rentenversicherung 111
Beitragsbemessungsgrundlage, Rente 116
Beitragsberechnung 55
– Rentenversicherung 115
Beitragszahlung, Rentenversicherung 115
Beitragszuschüsse 69
Beratung 30, 114
Beratungsbesuch 42
Beratungseinsatz 42
Beratungsgutschein 34
Beratungstermin 34
Berufsbildungszeiten 66
Berufskrankheit 104
Berufsständische Versorgungseinrichtung 117
Beruf, Vereinbarkeit mit Pflege 49
Beschäftigte 50
Bescheinigung, Pflegeunterstützungsgeld 57
Betreuung 65
Betreuung eines minderjährigen Kindes 62
Betreuung pflegebedürftiger Kinder 72
Betreuungsangebote 97
Betreuungspflicht 31
Betriebshilfe 56

Stichwortverzeichnis

Betriebsvereinbarungen 62
Bezugsgröße, Rentenversicherung 116
Bruttomonatsarbeitsentgelt in der Freistellungsphase 77
Bundesamt für Familie und zivilgesellschaftliche Aufgaben 80
Bundesdarlehen 77

Darlehen 71, 76
Darlehensbescheid 81
Darlehensraten 76, 81
Darlehensschuld, Erlöschen 79
Dringende betriebliche Belange 64

Eheähnliche Lebensgemeinschaft 51
Ehegatte 51
Eilbegutachtung 19
Einkommensteuer bei Pflegegeld 26
Einmalzahlungen 60
Einzelschulung 38
Eltern 51
Enkelkinder 51
Entgeltbescheinigung 80
Entgeltersatzleistungen 60, 68, 79
Entlastungsangebote
– für Pflegebedürftige 97
– für Pflegende 97
Entlastungsbetrag 94
– Abtretungserklärung 95
Erkrankung, fortschreitende 62
Ernährungszustand 43
Ersatzpflege 41
Erwerbsfähigkeit, Verlust 107

Fähigkeiten, Beeinträchtigung 14
Fahrtkosten 89

Fälligkeit 81
Familienpflegezeit 64, 65, 71
– Rechtsanspruch 72
– Verlängerung 73
Familienpflegezeitgesetz 49
Familienversicherung 69
Finanzielle Leistungen, Pflegeversicherung 18
Förderfähigkeit 76
Förderungsbeträge 81
Freistellung, Familienpflegezeit 65
Freistellungsanspruch, Pflegezeit 63
Freistellungsmöglichkeiten 49
Freistellungsphase, Bruttomonatsarbeitsentgelt 77
Freistellungsverlangen 73

Geringfügig Beschäftigte 50, 54, 72
Gesamtpflegeaufwand 118
Geschwister 51
Gesetzliche Rentenversicherung 111
Gesetzliche Unfallversicherung 100, 101
Großeltern 51
Grundsicherung für Arbeitsuchende 79

Härteregelung 79
Häusliche Pflege 49
– Entlastungsbetrag 94
– Vorrang 12
Häusliche Umgebung 22, 38
Häusliche Unfälle 103
Heilfürsorge 58, 115
Heimarbeit 50
Hilfebedarf, Ermittlung 35
Hilflosigkeit, Begriff 27

Stichwortverzeichnis

Hinterbliebene, Ansprüche 108
Höchstdauer
– Familienpflegezeit 72
– Pflegezeit 65

Information 30
Informationspflicht 33

Kinder 51
Kind, pflegedürftiges 72
Kleinbetriebe 52
Konto 28
Krankenversicherung 69, 79
– Weiterbestehen bei Bezug von Pflegeunterstützungsgeld 58
Krankenversicherung der Rentner 120
Krankenversicherungszuschuss 57, 69
Kündigungsschutz 71, 75
Kurzzeitige Arbeitsverhinderung 51, 54
Kurzzeitpflege 91

Laienpflege 12
Landwirte, Betriebshilfe 56
Lebenserwartung, begrenzte 62
Lebenspartner, gleichgeschlechtlicher 51
Lebensunterhalt
– Absicherung 76
– Leistungen zur Sicherung 79
Leistungen zur sozialen Sicherung, Beratung 114
Leistungsansprüche
– Rentenversicherung 120

Mehrere Pflegepersonen 117
Mehrfachpflege 117, 122
Mindeststundenzahl für die Pflege 118

Mindestumfang 76
Mitteilungspflicht an Arbeitgeber 53

Nichtversicherte 69

Ordensangehörige 114

Palliativmedizinische Behandlung 62
Pflegebedürftigkeitsbegriff, neuer 13, 40
Pflegeberatung 34
Pflegegeld 21, 24
Pflegegrad 14
Pflegegrad 1, Leistungen 17
Pflegegrad 2 bis 5, Leistungen 16
Pflegehilfen, selbst beschaffte 25
Pflegekurse 38
Pflege-Pauschbetrag 27
Pflegeperson
– Begriff 21
– Meldung 22
– soziale Sicherung 23
Pflegesituation, akute 51
Pflegesituation, individuelle 38
Pflegestützpunkte 36
Pflegeunterstützungsgeld 54
– Einkommen 26
– Sozialversicherung 58
Pflegeversicherung 12
– Leistungskatalog 16
Pflegezeit 62, 63, 121
Pflegezeitgesetz 49
Privatversicherte 69

Qualitätssicherung 39

Rechtsanspruch auf Familienpflegezeit 72

Stichwortverzeichnis

Rehabilitation 120
Rentenversicherung 70, 111, 120
Rentenversicherungsbeiträge 115
Rückzahlung, Darlehen 78

Schadensersatzanspruch 102
Schulungskurse 38
Schwiegereltern 51
Schwiegerkinder 51
Selbständigkeit, Beinträchtigung 14
Selbstständige, Arbeitseinkommen 55
Sonderkündigungsrecht 67
Sonderkündigungsschutz 70, 75
Soziale Absicherung 100
Soziale Absicherung bei Arbeitverhinderung, Pflegezeit 67
Sozialhilfe 78, 79
Sozialleistungen 78
Sozialmedizinischer Dienst 120
Sozialrechtlicher Herstellungsanspruch 31
Sozialversicherungsträger 100
Sterbebegleitung 62
Stiefkinder 51
Stufensprung 15
Stundung, Darlehen 78

Tarifverträge 54, 62
Teilhabe am Arbeitsleben 120
Teilweise Freistellung 64, 73
Teilzeitkräfte 50

Übergangsregelung 101
Überleitungsregeln 15
Unfallversicherungsschutz 100
Unfallversicherungsträger 109

Unterhaltsansprüche 26

Verdienstausfall 89
Vereinbarungen, einzelvertragliche 62
Vergütungsfortzahlung 53
Verhinderungspflege 41, 86
– Leistungsumfang 87
– stundenweise 89
Verlängerung
– Familienpflegezeit 73
– Pflegezeit 65
Verletztengeld 106
Verletztenrente 107
Verschwägerte Personen 51
Versicherte Tätigkeit, Unfallversicherung 102
Versicherungspflicht
– Unfallversicherung 100
Versicherungspflicht auf Antrag 68
Versorgungsplan 35
Vertragsparteien 67
Verwahrlosung 43
Vollmachten 22

Wahlrecht 33
Wegeunfall 104
Wertguthaben 76
Wohnumfeld 38
Wunschrecht, Beschäftigter 64

Zahlungsschwierigkeiten 79
Zinsloses Darlehen 76
Zuschuss zur Krankenversicherung 57, 69